当成语遇上科学系列

当成语遇上生物学

蒋小芳 / 编著
何 淼 / 绘图

- 有趣的成语故事
- 丰富的成语知识
- 严肃的科学原理
- 深刻的人生启示

四川辞书出版社

图书在版编目(CIP)数据

当成语遇上生物学/蒋小芳编著;何淼绘图.—成都:四川辞书出版社,2021.6
(当成语遇上科学)
ISBN 978-7-5579-0825-6

Ⅰ.①当… Ⅱ.①蒋…②何… Ⅲ.①汉语—成语—少儿读物②生物学—少儿读物 Ⅳ.① H136.31-49② Q-49

中国版本图书馆 CIP 数据核字（2021）第 088128 号

当成语遇上生物学
DANG CHENGYU YUSHANG SHENGWUXUE

蒋小芳　编著　何淼　绘图

策　　划	胡彦双
责任编辑	胡彦双
封面设计	墨创文化
责任印刷	肖　鹏
出版发行	四川辞书出版社
地　　址	成都市槐树街 2 号
邮政编码	610031
印　　刷	成都紫星印务有限公司
开　　本	700 mm×1000 mm　1/16
版　　次	2021 年 6 月第 1 版
印　　次	2021 年 6 月第 1 次印刷
印　　张	8.75
书　　号	ISBN 978-7-5579-0825-6
定　　价	25.00 元

- 版权所有，翻印必究。
- 本书如有印装质量问题，请寄回出版社调换。
- 发行部电话：（028）87734281　87734332

当成语遇上科学

——一次"事半功倍"的尝试

每个人的成长都离不开成语。

提到成语,我们首先想到的便是一段段令人深思的历史,一个个耐人寻味的启示。

但,成语所包含的内容远远不止这些。

花鸟虫鱼、飞禽走兽、草木芳菲,成语中的生物学知识无处不在。在含有数字、量词、图形等的成语中,我们又能发现很多数学和几何知识。颜色、声音、温度,成语中的物理学知识就更加丰富了。当然,天文、地理的知识也能在成语中找到。古人将科学现象和科学原理通过言简意赅的成语表达出来,展现了让后人惊奇的智慧。

成语与科学经常出现在我们的生活和学习中,它们看似毫不相干,实际上有着深刻的渊源。将学习成语和学习科学知识相结合,是一种跨学科学习的尝试。我们通过一种知识联系到另一种知识,可以加深对知识的理解,提高对知识的迁移和运用能力。我们在学习过程中,既能在成语故事的情境中准确快速地理解科学知识,又能感受成语的语言之美,可谓一举两得。

有鉴于此，我们策划了"当成语遇上科学"丛书，包括《当成语遇上生物学》《当成语遇上数学》《当成语遇上物理学》，希望能为你们带来全新的阅读体验，让你们发现更有趣的学习知识的途径和方法。

快打开这套书吧！有趣的成语故事、严谨的科学原理、丰富的成语知识、深刻的人生启示，都在这套书中。

目　录

动物篇

虎生三子，必有一彪 002

老牛舐犊 005

鹊巢鸠占 008

蜻蜓点水 011

马角乌白 014

物腐虫生 017

人心不足蛇吞象 020

狗拿耗子 023

螳螂捕蝉，黄雀在后 027

驱羊攻虎 030

人为财死，鸟为食亡 033

金蝉脱壳 036

惊弓之鸟 039

鹦鹉学舌 042

沐猴而冠 046

杀鸡吓猴 049

一朝被蛇咬，十年怕井绳 052

燕雀处堂 055

狡兔三窟 058

鹿死谁手 062

鹬蚌相争，渔翁得利 065

兔死狐悲 068

飞蛾投火 071

千里之堤，毁于蚁穴 074

百足之虫，死而不僵 077

如蝇逐臭 080

噤若寒蝉 083

植物篇

拔苗助长 088

枯木逢春 091

葵藿倾阳 094

叶落归根 097

斩草除根 101

人无千日好，花无百日红 104

望梅止渴 107

橘化为枳 110

兔丝燕麦 113

姜桂之性，到老愈辣 116

昙花一现 119

薏苡明珠 123

芒刺在背 126

出淤泥而不染 129

动物篇

虎生三子,必有一彪

|彪悍的老虎幼崽|

在茂密的森林里,有一只母老虎生了三只小老虎,分别为老大、老二、老三。其中老二从出生以来,牙齿就比其他两只小老虎的更为锋利,眼神也更为凶狠。它常常从其他两只小老虎的嘴巴里抢夺食物,把它们逼至角落,一副谁都不怕的样子,再加上它长得更加强壮,老大和老三从来都是在虎妈妈的陪伴下,才敢跟它待在一块儿。

有一次,老三从树林里捡到一只死兔子,偷偷藏在草丛里,开心地吃起来。结果,老二看见了,它二话不说,一个箭步跑了过去,张开嘴巴便咬住了老三的脖子直至老三痛得晕了过去才罢休,然后叼走旁边的死兔子,自己大快朵颐起来。老三伤得很严重,养了大半个月才恢复。渐渐地,虎妈妈知道老二的性格极为彪悍,甚至会伤害同胞，所以再也不敢让老大、老三单独跟老二待在一起了。这一点让它感到很苦恼。

一天，虎妈妈带着三只小老虎去山的另一边找它们的爸爸。它们来到了河边。河上面搭了个很小的独木桥，三只小老虎都需要虎妈妈背着才能过河。为避免老大和老三被老二伤到，就得避免它们跟老二单独待在一起，而虎妈妈一次只能背一只小老虎过河，那该怎么渡河才好呢？虎妈妈陷入了沉思。

就在这时，老三却开口了："妈妈，你先把二哥背到对岸去，然后，你再单独回来，背大哥到对岸去，返回的时候，你再背着二哥过来，然后，把二哥留在这边，把我背到对岸并留在那里，最后，你再单独返回，把二哥背到对岸。这样，我们便都可以安全地渡河了。"

虎妈妈听后，觉得老三说得很有道理。于是，它们顺利地渡河了。虎妈妈带着小老虎们继续往前走，在山里终于找到了小老虎们的爸爸。

虎妈妈跟虎爸爸介绍三个小老虎的时候，说出了自己的苦恼。没想到虎爸爸却淡然一笑："哈哈，没事的，'虎生三子，必有一彪'嘛，很正常。以后，老二就由我来管好了。"

为什么"虎生三子，必有一彪"呢？

故事里，小老虎的爸爸用"虎生三子，必有一彪"来安慰虎妈妈，也许只是随口一说。可是，这简单的一句话，从生物学的角度来讲，却具有一定的道理，其中暗含了基因的遗传概率问题。

亲代将自己的基因遗传给子代，子代一半的基因来自母亲，另一半的基因来自父亲。而基因的遗传是有规律的，根据基因组合的不同，会给子代带来不一样的性状表现。比如，人类中控制单双眼皮性

003

状的基因分别为a、A，其中双眼皮是显性性状，在基因中只要有一个A，便会表现出双眼皮的性状。如果，父亲和母亲的基因都为Aa，都是双眼皮。那么他们的子代会出现哪几种情况呢？出现单双眼皮的概率各是多少呢？我们不妨来计算一下。

由子代的基因一半来自父亲一半来自母亲，可得出，子代的基因可为AA，Aa，Aa，aa。其中有两个Aa，且有三种情况都有A，都为双眼皮性状，只有aa是单眼皮性状。因此，这对夫妇生下的孩子中有3/4的概率为双眼皮，1/4的概率为单眼皮。

所以，即使是同一对父亲和母亲生下的孩子，也存在不一样的性状表现。动物也不例外。老虎作为一种哺乳动物，子代的遗传也遵循基因遗传规律，来源于父亲和母亲的遗传因子，根据组合的不一样，便会出现具有不同性状的小老虎。

出处：《癸辛杂识》："谚云：'虎生三子，必有一彪。'"

释义：比喻众多子女之中，一定有一个超群出众的人。

小锦囊：我们不能掌控基因，但天生我材必有用，即使没有遗传父辈的优良基因，后天的努力也能弥补先天的不足。只要不气馁，坚持努力，也能取得成功。

老牛舐犊

|杨修之死|

东汉末年，有一个名叫杨修的人。他聪明而思维敏捷，在曹操手下担任着主簿一职，但是他却常常得罪曹操。

曹操常害怕被人暗算，便对手下说："我在梦里很爱杀人，如果我睡着了，你们不要靠近。"一天夜里，曹操的被子掉到了地上，一个侍卫见了便走过去捡起被子并帮他盖上。曹操却猛地跳起来，一把拔出剑将侍卫杀了，然后躺在床上继续装睡。他醒来后，却装作吃惊地问道："是谁杀了我的侍卫？"大家将经过一五一十地告诉了他。曹操听后痛哭流涕，将侍卫厚葬了。此后，大家都传言曹操梦里会杀人。而杨修却在葬礼上感叹道："丞相不在梦里，是你在梦里啊！"一语道破天机。曹操听后对杨修厌恶至极。

有一次，杨修随曹操出征。战事不利，进则无取胜机会，撤退又会很丢脸，所以曹操一直犹豫不决。这时，军士进来询问夜间号令，曹操看到桌上的饭碗中有一根鸡肋，于是便对军士感叹道："鸡肋！"

杨修听后，立刻明白曹操想要退兵，于是立刻收拾行装。军士们看了很不解。杨修回答说："鸡肋，吃着无肉，扔了又可惜。现在我们进攻不能取胜，撤退又怕人笑话，魏王是打算回师了。咱还是早点收拾好，以免到时候慌乱不已。"大家听后，都纷纷收拾行李，准备随时撤退。曹操对大家的行为很是吃惊，等得知缘由后，他立刻把杨修叫来质问。杨修便把鸡肋的意思说了。曹操虽然暗自佩服杨修的敏锐，但对其心存顾忌，还对他屡次让自己丢脸而感到气愤，于是以扰乱军心的罪名杀了杨修。杨修死时仅三十四岁。

杨修死后，老父亲杨彪悲痛万分，因思念儿子而变得憔悴不已。一次，曹操碰到他，问道："老先生为什么瘦得这般厉害？"

杨彪答道："惭愧我没有金日䃅那样的先见之明，老牛尚有舔舐小牛那样的爱子之情，更何况是人呢？"

舐犊情深

故事中，杨修的父亲用"老牛舐犊"表达了自己的爱子之情以及丧子之痛。那在动物界中，老牛对小牛真的会有如此深切的感情吗？

事实上，在动物界中，亲代和子代之间也是具有浓浓的关爱的。这是普遍存在的一种亲子行为，是一种本能。就像人类父母喜欢摸小孩的头一样，老牛也很喜欢舔舐小牛。除此之外，很多鸟儿经常忙忙碌碌地为窝里的小鸟捕食昆虫，母鸡遇到危险首先便会将小鸡掩护在羽翼下，大象会温柔地蹭小象的鼻子……不同的物种，亲代对子代关爱的形式也不一样，这跟它们本身所具有的特征以及生活环境相关。比如，老牛无法用蹄子搂着小牛，便用舌头舔小牛；袋鼠身上有一个"口袋"，可以成为小袋鼠停留的地方；狒狒因为要经常爬树，所以让小狒狒骑在自己身上，好带它一起爬……

人类亲代对子代的关爱方式更是因人而异。不过，不管方式如何，唯一不变的是他们对子代浓浓的爱意。

出处：《后汉书·杨彪传》："愧无日䃅先见之明，犹怀老牛舐犊之爱。"

释义：老牛舔小牛。比喻父母疼爱子女。

小锦囊：父母无私地关爱着子女，子女也要懂得回报和感恩，并同样关爱父母。

鹊巢鸠占

|懒惰的鸤鸠|

从前,有一只鸤鸠非常懒。它不筑巢,也不去找食物,成天占着别的小鸟的窝睡觉或是懒洋洋地晒着太阳,还总是欺负一些小鸟,从一些小鸟口中抢夺食物。这些小鸟都对它厌恶极了,于是它们找来喜鹊商量如何对付这只鸤鸠。

喜鹊说:"不用怕,这只雌鸤鸠迟早是要下蛋、孵蛋的,它没有筑巢,看它怎么办?"

果然,没过多久,鸤鸠感觉自己的腹部怪怪的,直觉告诉它,它要下蛋了。可是,鸤鸠没有筑巢,它该去哪里下蛋呢?

鸤鸠着急地飞来飞去,慌乱之中,它看到喜鹊的窝又大又柔软,关键是此刻窝里一只喜鹊也没有。一直以来,由于喜鹊的体型比鸤鸠大，也比鸤鸠凶猛，所以，鸤鸠从不敢对喜鹊怎么样。不过，眼下着急找窝下蛋的鸤鸠却忘记了这一点，它一阵急飞，再一个急落，便停在了喜鹊的窝里。不一会儿，它便生了一个又大又圆的蛋。它看着窝里的蛋，满意极了。正当它准备带着蛋离开的时候，喜鹊回来了。

喜鹊以为可恶的鸤鸠欺负到自己头上来了，便气冲冲地去攻击鸤鸠，鸤鸠根本不是它的对手，灰溜溜地飞走了，蛋却没能带走，留在了喜鹊的窝里。

喜鹊拿到了鸤鸠的蛋，便召集其他小鸟开了个会。会上讨论了该如何处理这个蛋，最后它们一致决定由喜鹊将这只蛋孵出来，教导孵出来的幼崽，让它不认自己的母亲鸤鸠，除非鸤鸠承诺不再欺负其他小鸟。

经过了十几天，喜鹊终于孵出了一只鸤鸠的幼鸟，鸤鸠得知后，每天都想见到自己的孩子。为了见到自己的孩子，它承诺以后再也不欺负其他小鸟了。喜鹊便将幼鸟还给了它。这便是鹊巢鸠占的故事。

寄生的鸤鸠

故事中，鸤鸠认识到了自己的错误，那它真的会自己筑巢，而不去占用别的小鸟的巢吗？

答案是否定的。筑巢这种事，鸤鸠是肯定不会去干的。这是为什么呢？

鸤鸠俗称布谷鸟，属杜鹃科，在古代被称为鸤鸠。杜鹃科是一种托卵寄生的鸟类，一般自己不筑巢，不孵蛋，把蛋下到别的鸟的巢里，让别的鸟帮忙养育。通常情况下，这种寄生鸟都会把蛋下到比自己弱小的鸟的巢里，这样别的鸟代它孵化出来的小鸤鸠便可以称霸鸟巢，和巢里的小鸟抢夺食物，供自己顺利成长。

然而正如故事里所说的，喜鹊体型比杜鹃大，生性凶恶，除非喜鹊不在巢里的时候，否则杜鹃科的鸤鸠根本不可能靠近它的巢。所以，一般来说，鸤鸠是不会占用喜鹊的巢的。而成语之所以叫"鹊巢鸠占"可能是因为杜鹃不会筑巢，而喜鹊却是筑巢高手，古人才会做这样的对比和想象。

不过，杜鹃喜欢将幼鸟寄养在莺、雀等体型较小的鸟类巢中，所以学者们认为，古人所说的"鹊巢鸠占"应该就是"雀巢鸠占"。

出处：《诗经·召南·鹊巢》："维鹊有巢，维鸠居之。"

释义：鸤鸠不会做巢，常强占喜鹊的巢。本指女子出嫁，定居于夫家。后比喻强占别人的住处。

小锦囊：想拥有什么东西，要靠自己的勤奋和努力去获得，这才更有意义。切不可走歪门邪道，损害他人的利益。

蜻蜓点水

|诗人杜甫|

唐玄宗时，杜甫曾去长安参加朝廷组织的"通一艺者"考试。由于权相李林甫上报朝廷说，没有发现一个贤才，致使参加考试的人全部落选。

为了实现自己的政治理想，杜甫没有放弃，托付权贵帮忙举荐，均没得到什么结果。他在长安城漂泊了十年，四处献歌赋，均不得志。

天宝十载（751年）正月，玄宗将要举行祭祀太清宫、太庙和天地的三大盛典，杜甫便在前一年冬天献给玄宗《三大礼赋》，获得玄宗的赏识，被留在集贤院待分配。不过，因主试者是李林甫这个昏官，所以杜甫再次与官职失之交臂。

杜甫虽仕途失意,但是诗歌创作颇丰,且艺术价值极高。他曾在《曲江二首(其二)》中写道:"穿花蛱蝶深深见,点水蜻蜓款款飞。""蜻蜓点水"便由此而来。

神奇的产卵

故事中,杜甫用蜻蜓点水来形容蜻蜓款款飞行的优雅姿态,而事实上,蜻蜓点水并不是随便"点水"玩耍嬉戏的,其实是雌蜻蜓在完成一项繁殖后代的使命——产卵。

雌蜻蜓的产卵方式极为独特,飞行中轻轻一碰水,卵便直接产到了水里,不过有时候也产在水草上。这看起来像是极不负责的行为,而事实上,蜻蜓之所以会将卵产在水里,是因为水里的环境就像人类的子宫一样,特别适合蜻蜓卵的孵化以及幼虫的生长。

卵孵化后,便变成了稚虫,叫作水虿(chài)。水虿也适合在水里生长,因为它拥有带爪钩的下唇,可随时伸出来捕捉水中的浮游生物。另外,水虿还是游泳专家,它使用的是喷射式的游泳方式,只要腹部一压缩,水便向后喷,身体自然往前冲,速度非常快。水虿长大了,便会爬上突出水面的树枝或石头,然后羽化成一只蜻蜓了。

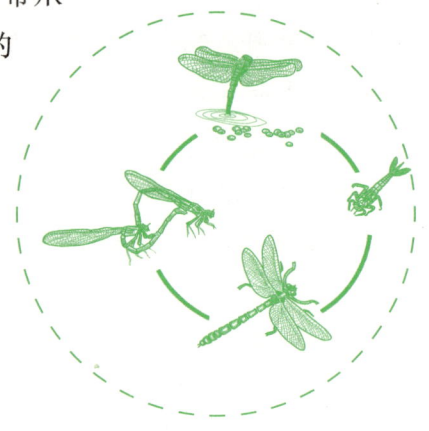

蜻蜓点水

出处：唐代杜甫《曲江二首（其二）》："穿花蛱蝶深深见，点水蜻蜓款款飞。"

释义：指蜻蜓在水面飞行时用尾部轻触水面的动作。比喻做事肤浅不深入。

小锦囊：任何事只要做了，就要做到位，切不要像蜻蜓点水那样浅尝辄止。

马角乌白

|人质燕太子丹|

战国后期,秦国与燕国达成友好往来协议,而事实上,这只是表面修好,两国都各自心怀鬼胎。

为了打消对方想攻打自己的心思,秦国和燕国协商好,各自派一名王室的公子到对方的国家去生活,其实就是去当人质的。也就是说,"秦王你要是敢攻打我燕国,我就杀了你留在我国的儿子",用互相要挟的手段,来求得互不侵犯的局面。

然而,被燕王派去秦国做人质的太子丹,在秦国却并不好过。首先是秦王嬴政对他极为无礼和蔑视,就连一些秦国的大臣也经常辱骂他。太子丹虽受尽了欺辱,但为了燕国的安稳,他选择了忍气吞声。

不过,堂堂的燕国太子,都要遭受别人的谩骂和凌辱,这样的生活实在难熬。终于有一天，他受不了了。他急匆匆地跑到秦王嬴政面前，请求嬴政放他回燕国。

秦王嬴政干笑了几声，说道："除非马生出角来，乌鸦变成白色，我就让你回燕国。"

燕太子丹当然知道要马生出角来，让乌鸦变成白色是不可能的，所以他明白秦王嬴政是铁了心不放他回去了。燕太子丹对秦王嬴政恨得牙根痒痒却又拿他没有办法。他暗下决心："我一定要回到我的燕国，还要杀了秦王这个可恶的人！"

于是，他开始谋划如何逃离秦国。不久后，他终于凭借周详的计划，逃回了燕国。

刚回到燕国没多久，燕太子丹便派出荆轲去刺杀秦王。

马角乌白可能吗？

故事里，秦王跟燕太子丹说除非马生出角来，乌鸦变成白色，他就放太子丹回燕国。为什么太子丹不是去努力让马生出角来，让乌鸦变成白色，而是对秦王产生了深深的仇恨呢？

因为在太子丹看来，这是一件根本无法实现的事情。当时的人们没有见过"马角乌白"。

所有的物种长什么样，都是物种的基因所决定，并一代一代遗传下去的。一般在马的基因里，不存在能长出角这个性状的因子；在乌鸦的基因里，也不存在能长出白色羽毛这个性状的因子。除非发生基因突变，使基因中含有控制这些性状的因子，才会出现"马角乌白"的情况。基因突变发生的概率是极低的，但不是没有可能，所以还是有极少量长白毛的乌鸦。

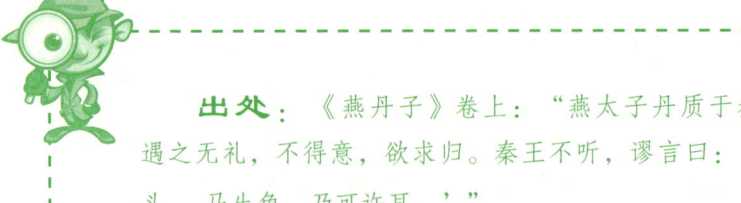

出处：《燕丹子》卷上："燕太子丹质于秦，秦王遇之无礼，不得意，欲求归。秦王不听，谬言曰：'令乌白头，马生角，乃可许耳。'"

释义：乌鸦变白，马头生角。比喻不能实现之事。

小锦囊：世界上万事万物都有其生长发育的规律。我们应该遵循科学的规律，改变可以改变的，适应不能改变的。

物腐虫生

|项羽之死|

秦朝末年,项羽和刘邦各自称霸一方,项羽自立为西楚霸王,而刘邦则为汉王。项羽的谋士范增认为刘邦志向不小,是个有野心的家伙,必须要趁早除掉他,否则会影响项羽的称霸大业。

于是,范增特为项羽设计鸿门宴,想在宴饮的时候杀掉刘邦。刘邦第二天率领一百多骑兵来见项羽,刘邦得知项羽的意图,宴席上表现得非常谦恭,不仅隐藏了自己的野心,还表示一心只想做项羽的臣子。项羽忍不住动摇,犹豫着要不要将刘邦除掉。

范增屡屡暗示项羽杀掉刘邦,项羽却为仁不忍,默然不应。范增等不及了,他派出项庄在席间舞剑,想伺机下手除掉刘邦。

刘邦留下自己的谋士张良将白璧玉斗献给项羽及范增,借口上厕所，才得以逃回自己的属地。项羽欣然接受了白璧，范增却愤恨地将白璧摔在地上，用剑砍破，沉痛地大叹道："将来夺取项王天下的人，绝对是刘邦！"

后来，范增还是一心建议项羽除掉刘邦。当他们合围刘邦所在地荥阳时，原本是一个很好的机会，但是，刘邦却采取离间项羽和范增的计策，造谣中伤范增，挑拨他们的关系。项羽果然中计，甚至怀疑范增跟刘邦有所勾结，不仅疏远了范增，还剥夺了范增的权力。范增气愤难耐，最后告老还乡，在回乡的途中因病去世。

而项羽再次错失了除掉刘邦的机会，后来被刘邦反击，追至乌江，项羽自知无法脱身，自刎而亡。宋代文学家苏轼在《范增论》里这样说：物质必定是先腐烂，然后才会生出虫子，人必定是你先怀疑他，然后才会被别人离间。

为什么会"物腐虫生"？

故事里，因为项羽确实对范增不是百分之百的信任，才会让刘邦的离间之计得逞，最后自食其果。著名文学家苏轼用物质必先腐烂才会生出虫子，来比喻人必定是先被怀疑了，才会被谗言所害。

可是，在自然界中，为什么物质腐烂就会生出虫子来呢？

这是因为，在地球上，生活着的每种生物都以自己特有的方式去获得能量让自己生存下去。植物是自养型，利用光合作用或从土壤中吸收无机离子来获得有机能量物质——糖，然后再在细胞中转变成维生素。动物是异养型，一般以其他生物为食。

然而，自然界中存在一种跟真菌类似的微生物，它们以动植物的尸体为食，是分解者。我们用肉眼根本看不到它们，但是，它们却是无处不在的。活体动植物系统对这些微生物都具有高度的防御能力，它们一旦死去，免疫系统便会崩溃，各种微生物便会纷纷蚕食它们的尸体，促使其出现腐烂。分解者的消化或繁殖使得死去的动植物产生刺激性气味，这些气味会吸引其他虫子，比如果蝇。而被吸引过来的其他虫子也是分解者，会在腐烂的动植物表面产卵，并孵化成幼虫，幼虫以死去的动植物为生，并长成成虫。而且，它们的繁殖速度非常快，用不了多久，便会孕育出数不清的虫子。所以，这常让人以为物质是先腐烂后再生虫子，实际上，如果没有作为分解者的微生物或一些昆虫，任何生物体均不会腐烂。

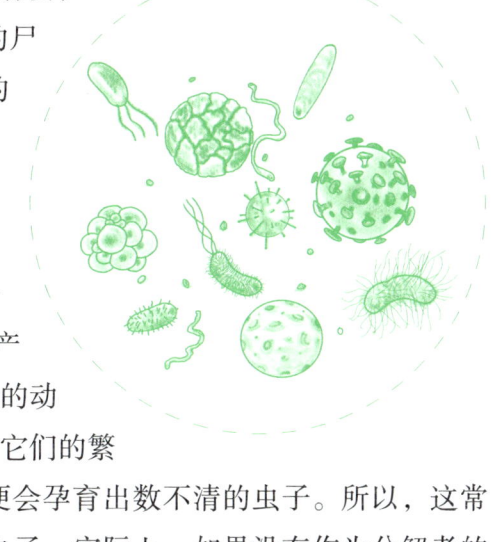

出处：《荀子·劝学》："肉腐出虫，鱼枯生蠹，怠慢忘身，祸害乃作。"

释义：东西腐烂了才会生虫。比喻祸患的发生，总有内部的原因。也比喻本身有了弱点，别人才能乘机打击。

小锦囊：要防止祸害发生，就得从内部提早杜绝问题产生的根源。这样，才能更好地防患于未然。

人心不足蛇吞象

|贪心的人|

传说在一个偏僻的乡村住着一对相依为命的母子，母亲虚弱多病，儿子王妄也只会以卖草鞋来维持生活，他们的日子过得很清苦。

一天，王妄去地里拔草，在草丛里遇到一条浑身是伤、奄奄一息的小花斑蛇。王妄觉得它特别可怜，于是把它带回了家，并对它精心照顾，给它涂药、喂吃的。慢慢地，它恢复了生机。后来，它渐渐长大，很通人性，母子俩都很喜欢它，并给它编了一个小荆篓供它睡觉。

一天，王妄去拔草了，只剩小蛇和王母在家。小蛇爬到院子里晒太阳。结果，小蛇在太阳下变得极其粗大而且长，宛如通天柱一般，吓得王母昏了过去。变回原形的蛇很是愧疚，它忍痛让王妄从自己身上取下三块小皮，加一些野草，熬成汤，给王母服下。喝下药后，王母很快醒来。不过，母子俩都对那天的情形感到纳闷，再加上有一天王妄看到小蛇在睡觉的篓里大放金光，更觉得这条蛇不一般。

　　后来，王妄看到一张皇帝的告示，说谁能献上一颗夜明珠，就封他做官并重赏。王妄特意跟母亲说起这个事，在一旁的小蛇看出了王妄想当官发财的心思，为了报答他们的恩情，它告诉王妄："其实，我的双眼就是两颗夜明珠，你从我身上取走一只去献给皇上吧，这样，你和你母亲都可以过上幸福的生活。"王妄流着泪割下了小蛇的一只眼睛献给了皇上。皇上得到宝贝后，开心极了，立马让王妄做了官。

　　不久后，皇上为了讨得皇后的欢心，又用丞相的位子来换取第二颗这样的宝贝。为了当上丞相，王妄恳求小蛇把另一只眼睛送给他，却遭到了小蛇的拒绝。小蛇劝他："别太贪心了，你已经有钱也有官做了，别再想着做丞相的事了。"然而，已被权势蒙蔽了心智的王妄根本不听，执意要取小蛇的眼睛。小蛇无奈，等王妄用刀来取它的眼睛时，它一口将他吞下了。

小身材大胃口

　　故事里面说到小蛇一口就将王妄吞下了，这会不会太夸张了？

　　一条小小的蛇怎么会有这么大的胃呢？事实上，蛇的生理构造很特殊，一般人的嘴巴只能张大到30°，可是蛇的嘴巴却可以张大到130°，甚至180°的角度。这主要是因为，蛇嘴巴的骨头之间是用韧带相互联结的，所以可以开张自如。而蛇在吞东西的时候，气管也不会被堵住，这是因为它喉头的开口处在口腔底部前方，这里也是气管开口的地方。蛇吞食猎物时，可以活动的喉头伸到了口外，这样它就不必担心气管被堵住了。再加上蛇的胃像一只长得出奇的袋子，而他的肠子也与其他动物不一样，是一条笔直的管道，所以对于吞下较大的食物，极其有利。蛇这样的生理结构也就造成了它的这一捕食习惯。

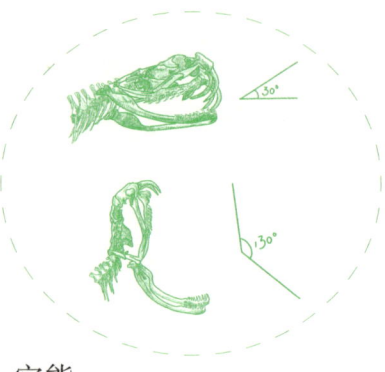

因此，蛇可以吞下很多大的动物，不过，它能否吞下一头大象呢，估计还没有人真正见过。

可是，蛇吞羊、鹿、幼猪和牛犊的事，却时有发生。

在我国西双版纳的原始森林里，傣族人曾经发现，一条6米长的蟒蛇从树上一跃而下，将一只正好从树下路过的水鹿紧紧地缠绕起来，直至水鹿窒息而死。然后大蟒张开血盆大口，把水鹿吞进了肚里。这时蛇身胀得又粗又大，它只能横躺在林中草地上，无法动弹。人们用一辆马车，把这只无法动弹的蛇以及它肚子里的水鹿一起载回家，真是得来全不费功夫啊。

出处：《山海经·海内南经》："巴蛇食象，三岁而出其骨。"

释义：比喻人贪心不足，就像蛇想吞食大象一样。

小锦囊：欲望的种子若越长越大，最终结果必然是伤人害己。懂得知足，懂得感恩，才更有能力去感受幸福。

狗拿耗子

多管闲事的狗

在一个小村子里,有一户人家养了一只猫和一条狗。猫很懒惰还不诚实,而狗则很忠诚且有责任感。

每天清晨,只要主人出去干活了,那只不诚实的猫便在家门前呼呼大睡起来。一见猫睡着了,老鼠们便成群结队地溜进家里,四处乱窜,到处找吃的,还将家里的桌子、凳子、被子等咬坏,整个家里被弄得乱七八糟。忠实的看门狗看见家里一片狼藉,心烦意乱。

一天,狗实在看不下去了,它跑到猫跟前,用脚推醒了猫。猫懒洋洋地说道:"什么事啊?忠实的狗。"

狗着急地说道:"懒猫,你没看家里都被老鼠弄得乱七八糟啊,它们吃食物、咬家具,多不卫生啊!"

猫说:"这不关你的事。你不要管。"

狗着急了,又用力推了推猫,这回猫可不高兴了,大吼道:"请别管我的闲事,看你的门去,别来吵我,要是再来打扰我,我让你好看!"

"唉。"狗深深地叹了一口气,无奈地看了看家,垂头丧气地走到门前趴下继续守它的门。

然而,在一旁看热闹的老鼠,却嘲笑起狗来,说道:"这只狗真没用,居然还怕猫。想我们老鼠都不怕呢!胆小鬼,哈哈!"

狗听到了老鼠们的嘲笑,气得满脸通红,直接闯进家里,往老鼠群冲去,一下子就咬死了好几只。其他的老鼠见状,吓坏了,立马四处逃散。狗继续追击,很快,所有的老鼠都被狗消灭掉了。消灭了老鼠,狗心里高兴极了,不过,它却因为太累,躺在家门口睡着了。

主人回来后,正好看见精神满满的猫正在将老鼠的尸体堆在一起,很是高兴,他转过头来看到正沉睡着的狗,厌恶地踢了它一脚,狗痛得嗷嗷大叫。

转眼,主人就赏了条鱼给猫吃,还摸着猫的头,夸奖猫有用,做得好。

躲在一旁的狗懊恼极了,它这才明白,原来狗抓老鼠,是多管了闲事。

老鼠的天敌是猫

故事中,狗帮猫抓了老鼠,却被主人误以为是猫抓了老鼠,这是为什么呢?因为在自然界中,普遍存在的现象是猫捕食老鼠,猫才是老鼠的天敌。而狗抓老鼠则是很少见的。

从生物学来讲,所谓天敌是指在自

狗拿耗子

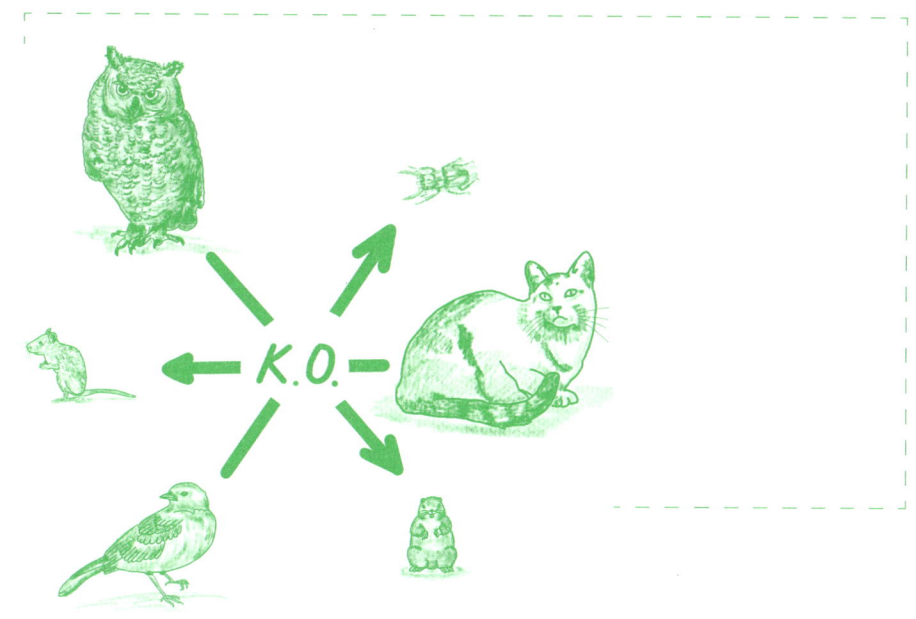

然界中，一种动物甲被另一种动物乙所捕食或寄生而致死时，动物乙便是动物甲的天敌。比如猫头鹰吃鼠类、鸟类吃昆虫、寄生蜂寄生在昆虫身上等。作为动物甲的天敌，动物乙都在食物链的上一层，均可轻易地就将动物甲捕食。

猫作为老鼠的天敌，自然具有抓老鼠的利器，这比起狗来可快多了。它的前肢为五趾，后肢是四趾，趾端长有锐利而弯曲的爪，爪可以伸缩，它还具有一双在黑暗里依然可以看得极为清晰的眼睛。而老鼠又经常躲藏在光线较暗的地方，猫的眼睛能很快发现老鼠。等发现老鼠后，猫便轻轻靠近它。因为猫的趾底有脂肪质肉垫，行走时不会产生太大动静，因此，等老鼠发现猫时，已经来不及逃跑了，紧接着，猫便一跃而上用利爪紧紧地抓住老鼠，从而制服老鼠，然后再慢慢享用。

此外，经过科学家研究和分析，发现夜间活动的猫体内需要含有牛磺酸这种可以提高夜间视力的物质。要是猫长时间得不到这种物质的补充，夜视能力便会下降，而老鼠体内，含有丰富的牛磺酸，猫刚好可以从其中摄取牛磺酸来补充营养，因此，猫爱捕食老鼠。而狗一般都不吃老鼠。所以，故事中的主人当然不会认为咬死老鼠的是狗了。

出处：《儿女英雄传》第三十四回："你这孩子，才叫'狗拿耗子'呢！你又懂得几篇儿是几篇儿？"

释义：比喻多管闲事，与歇后语"狗咬耗子——多管闲事"意思相同。

小锦囊：正所谓在其职则谋其事，做好本职工作才是最重要的，职责之外的事做多了，反而费力不讨好。

螳螂捕蝉,黄雀在后

|目光短浅的人|

春秋时期,吴王备兵即将攻打楚国,但是大臣们极力反对,劝说吴王攻打楚国虽然胜算很大,但是无法保证别的国家不会在交战期间乘虚而入,如果真的这样,那么后果将不堪设想。吴王听不进大臣们的劝告,一心要进攻,他对大臣们说:"你们谁再敢劝阻,我就处死谁!"

这时候,侍奉吴王的侍从中走出一位年轻人,听到大臣们无奈的议论后,萌生了劝说吴王放弃攻楚的打算,但是吴王已经下了严令,再前去劝说只有死路一条,到底怎么做才能让吴王打消进攻的念头呢?

于是,第二天清晨他便拿着弹弓,在王宫后面的花园里走来走去,衣服被露水打湿了也丝毫不在意,就这样,他一连三天早晨都在花园里闲转。

年轻人奇怪的行为最终引起了吴王的注意，吴王好奇地问道："我看你一连好几天都跑到花园里来回转，衣服都被露水打湿了，不知道吗？"

年轻人回答吴王："吴王，您知道吗，我在花园的一棵树上看到了很有趣的一幕，树上有一只蝉，它停在高高的树上一边放声鸣叫一边悠闲地喝着露水，却完全不知道在它的身后有一只螳螂正虎视眈眈地盯着它，想要把它吃掉；而洋洋得意的螳螂曲着身子一点点靠近蝉，想捕捉它，却没想到黄雀就在自己身旁正准备对自己下手；黄雀拉长了脖子想要啄食螳螂，但却不知道树下的我拿着弹弓瞄准了它。螳螂、蝉、黄雀这三个家伙都一心谋求它们眼前的利益，却完全没有考虑隐藏在它们身后的祸患啊！"

听了年轻人的一番话，吴王恍然大悟："对啊，年轻人，你说得真对！"于是吴王便放弃了攻打楚国的打算。

食物链是怎么回事？

故事中，年轻人用蝉、螳螂、黄雀这三个家伙捕食链的情况说服吴王放弃攻打楚国。在生态系统中，这种生物之间由于食物而形成的一种联系，叫作食物链。你能找出故事中的食物链吗？

食物链的开始通常是绿色植物（生产者）。一条完整食物链的最后往往是相关叙述或者事实上的最高营养级，没有别的生物可以取食它。在本则故事中可以梳理出这样一条食物链：树→蝉→螳螂→黄雀。因为初级营养级只能是某种生产者，不能是生产者的某些部分或器官，所以这条食物链的最低级应该是树（蝉在树上），而能量最后并没有流入人的身体中（人并没有吃掉黄雀，只是准备用弹弓打它），所以最高级便以黄雀结束。

螳螂捕蝉，黄雀在后

一般来说，位于食物链顶端的生物，具备更好的捕食利器。位于食物链底端的生物比较弱小，一般都是被捕食的对象。

出处：《庄子·山木》："睹一蝉，方得美荫而忘其身；螳螂执翳而搏之，见得而忘其形；异鹊从而利之，见利而忘其真。"

释义：螳螂要捕捉前面的蝉，不料黄雀在后面正要啄食它。比喻只顾前面有利可图，而没有想到祸害就要降临到自己头上。

小锦囊：我们在做一件事情的时候，不要只看到眼前的利益，而应看得更长远一些。

驱羊攻虎

老虎来了

在宋代，有一个隐居者带着一家人隐居在偏远的草原。草原的旁边是一大片望不到边的森林。他们一家子辛勤耕耘，自给自足，日子过得平平淡淡，却也温馨十足。

有一年，隐居者一时兴起，便买了十几头羊来放养。紧接着，他又叫上他的儿子和妻子，一起修筑了一个大大的羊圈，每天一大早，隐居者便将羊群从羊圈里放出来，放到草原上，让它们自由地吃草。

可是，有一天傍晚，隐居者刚好把羊群赶回了羊圈，一只饿极了的老虎突然从附近的森林里跑了出来，径直奔向隐居者的家。

隐居者见状，惊慌失措。他的儿子还躺在房子旁边的草丛里闭目养神。于是，他立刻大叫起来："儿子，一只老虎过来了，快起来，快回房间去!"

说时迟那时快,就在隐居者的儿子站起来准备往房间跑的时候,老虎就要扑过来了。隐居者情急之下,放出了所有的羊,阻挡在了老虎和他儿子之间,成功地分散了老虎的注意力。

几十只小羊看见老虎凶猛的样子,立即掉头就跑。老虎在后面紧追。很快,几只羊就被老虎咬死了。隐居者见状心痛不已。老虎停下来,吃了几只羊后,肚子撑得饱饱的,紧接着又去追跑向森林里的其他几只羊了。

隐居者生怕老虎会再次来犯,于是连夜收拾了东西,带着妻儿逃离了隐居的草原,到一个热闹的村庄定居了下来。

老虎与羊的捕食关系

故事里,隐居者用羊去攻击老虎,结果,还没等和老虎对抗,羊群便吓得四处逃散。这是因为,羊群在老虎面前就是个弱势群体。

老虎是森林之王,是地球上非常强大的陆地肉食动物之一,在自然界中,处于食物链的顶端。一般的小型动物都是它们捕食的对象。它有锋利

的牙、硕大的体型、尖利的爪子。这些都是它捕食的利器。

而羊是一种食草动物，性格温顺，身上也没什么锋利的武器，与老虎对抗，根本不可能取胜。在弱肉强食的生存法则下，羊自然成了老虎的口中之食。

所以，隐居者情急之下想要让羊群去对抗老虎，那是违背了弱肉强食的生存法则。最终带来的后果，便是羊群全军覆灭，老虎饱餐一顿。但隐居者急中生智，出此下策，才保住了家人的性命。

出处：《史记·张仪列传》："且夫为从者，无以异于驱群羊而攻猛虎，虎之与羊不格明矣。今王不与猛虎而与群羊，臣窃以为大王之计过也。"

释义：驱赶羊群去进攻老虎。形容以弱敌强，力量悬殊，必遭覆灭。

小锦囊：做事前要掂量轻重，认清形势，切不可以卵击石，否则，后果不堪设想。

人为财死，鸟为食亡

|贪婪的家伙|

从前有一个贫穷的秀才，有一次，他饿昏在路边，刚好被正在行军打仗的皇帝救回了军中。后来，皇帝很是赏识他的文思才学，便让他当了宰相。他因此过上了富足的生活。

有一天，吃穿不愁的宰相突然心血来潮，想看看自己究竟有多少财产。于是，他来到金库一看，不由得惊呆了，满屋的金银财宝，晃得人眼睛都睁不开。他根本没想到，自己竟然拥有这么多财产。想起当年，自己贫困潦倒，一碗饭、一块布角都没有，同样都是他，前后贫富差距如此之大。想到这，他很气愤，觉得财神爷也是个马屁精、势利眼，只会讨好有权势的人。于是，他请来了金银匠，分别用金银赶铸出两尊财神像。

金银财神铸成后,宰相用绳子将金银财神捆挷起来,立起香案,鞭打、辱骂财神像,并训斥他不得再戏弄世人!打累了,骂累了,他叫来两个旗牌(一种官职名),让他们驱车带着财神像,去东海边,将它们扔入大海。

两个旗牌将财神像放进马车里,一起赶车前往海边。途中,两位旗牌都忍不住对这对金银财神像起了贪念,想独吞这笔财产。

来到一片荒野,他们决定停下来休息一会儿。其中一位留下烧火做饭,另一位则去买菜买酒。见买酒的走了,烧饭的便偷偷在饭中下了毒,想着毒死另一位,他便可独占两尊财神像了。而买酒的那位也不是省油的灯,他也在酒菜里下了毒。

两人坐下来喝酒吃饭的时候,买酒菜的先吃了饭,烧饭的先吃了菜。结果,两人均被毒死。

荒野里有一群鸟飞过,看见了满地的酒饭,也纷纷飞下来啄食,也一并中毒死亡。

两个旗牌走后,宰相有点担心,便亲自驾车追赶马车。想不到,还没到海边便看到了旗牌的尸体,旁边还有一群鸟的尸体,而金银财神像却依旧稳坐在车中,闪着诱人的光芒。宰相禁不住感叹:"人为财死,鸟为食亡,可悲呀可悲!"

为什么说"鸟为食亡"呢?

故事中,人是因为过于强烈的贪欲才招致此后果,而鸟为了食物死亡,则完全是出于本能。

人饿了要吃饭,鸟饿了也要吃食物。一般来说,鸟类除了晚上入巢,白天都在不停地摄食。它们的进食量非常大,超过其他很多动物。而鸟的肠子很短,使得食物与粪便在体内存量少,从而减轻了体重,满足了飞行的需要。不过，这种结构也导致食物通过肠道的时间变短，不能被完全消化吸收。因此，鸟儿只能依靠多摄取食物、少食多餐来弥补营养的短缺。此外，跟其他动物相比，鸟的活动量也偏大，体温偏高，这些都决定了它们需要摄取更多的食物。当它们饿得饥肠辘辘的时候，对食物也就没有任何抵抗力，更不用说去检查食物是否有毒了。所以说，鸟为食亡很多时候都是无法避免的。

出处：《官场维新记》第十三回："俗话说得好，'人为财死，鸟为食亡。'……"

释义：意思是为了追求金钱，连生命都可以不要。

小锦囊：人是有思想的，有自己的准则，面对不义之财，要能够抵抗住诱惑。用正当的方式获得财富才能活得更安心、更潇洒。

金蝉脱壳

|逃脱妙计|

三国时期,诸葛亮由于常年随军打仗,积劳成疾,病得非常严重,已经躺在病床上好些日子了。诸葛亮觉得自己身体状况差极了,可能时日不多了。然而,姜维将军和司马懿的战斗还在继续。司马懿人多势众,姜维连撤退都成问题,诸葛亮忍不住担忧起来。

一天,诸葛亮把姜维叫到床边,对姜维说道:"姜维将军,我快不行了,不过,我有个好办法可以让你带着部队安全撤离。"

诸葛亮将撤离的好方法告诉姜维后不久,便离开了人世。姜维按照诸葛亮说的那样,没有对外公布他的死讯,而是带着部队开始偷偷撤退,然而,魏国的人得知了姜维的举动,立刻派兵追赶。

姜维要工匠连夜赶制了一个诸葛亮模样的木头人,并将它稳稳地放在马车里。紧接着，姜维命令手下带领军队主动进攻魏国的军队。魏国的人见姜维竟然主动进攻，而且还看到诸葛亮稳坐于马车中，泰然自若地指挥着。司马懿一向谨慎多疑，他想：姜维在此之前还准备偷偷撤退，现在却主动来进攻自己的军队，难道是诸葛亮又想出了什么妙计，可以置我军于死地吗？想到这里，司马懿惊出了一身冷汗，扬言绝对不能让诸葛亮得逞，便带领军队连夜逃走了。

等司马懿得知当时诸葛亮其实已经去世，并再去追赶时，为时已晚，姜维此时已经带领部队安全地回到了汉中。司马懿知道自己中计后，懊恼地叹息道："怎么就让姜维像只脱了壳的蝉，长出翅膀，飞着逃脱了我军的追捕呢？"

这便是诸葛亮一生中最后的一个计谋——金蝉脱壳。

蝉为什么会脱壳？

故事中，司马懿觉得姜维将军就像脱了壳的蝉，飞着逃脱了自己的追赶。

然而，在自然界中，金蝉也是为了逃脱其他昆虫的追赶才脱壳的吗？答案是否定的。

其实，蝉的脱壳也就是蜕皮，是一种必然的生长发育过程。蝉是蝉科昆虫，它属不完全变态类型，由卵、幼虫（若虫），历经多次蜕皮，不经过蛹的阶段而直接变成成虫。

当蝉的背上有了一条黑色的裂缝时，蜕皮便正式开始了。头最开始出来，然后露出绿色的身体与褶皱的翅膀，暂停一会儿后，翅膀变硬，颜色加深，就能起飞了。整个过程历时一个小时左右。

蝉的前腿为钩状，这样，当成虫自空壳中出来时，它便能够牢牢地挂于树上。蝉一定要垂直面对树身，这点尤为重要。因为这有利于成虫两翅的正常发育。

当蝉的上半身活动自如后，它又倒挂着让它的双翼更好地展开。此阶段，蝉的翅膀非常软，它们利用其中的体液管展开。体液管依靠液体压力而使双翅伸开。当液体被抽回蝉的体内时，展开的双翅便已变硬。要是一只蝉在双翅展开的时候被干扰，这只蝉可能会终身残废，甚至完全不能飞行。

　　昆虫的外壳不能像人的骨骼一样生长，它要长大，就得将旧的外壳脱去，以此来增大生长空间。蝉的脱壳是为了满足身体的生长需求，就跟蛇蜕皮一样。所以自然界中的金蝉脱壳并不是蝉的逃脱之计。

出处：汉代仲长统《述志诗二首（其一）》："飞鸟遗迹，蝉蜕之壳。"

释义：蝉变为成虫时要脱去一层壳。比喻用计脱身，使人不能及时发觉。

小锦囊：当我们有急事不得不脱身时，切忌鲁莽，应该采用智慧的方法，既让自己没什么损失，也不会给别人带来麻烦。

惊弓之鸟

|高超的箭术|

战国时期,魏国有一位精通射箭的武士——更羸。他射箭的技术高超,几乎箭无虚发。

一天,更羸陪同魏王散步,谈论着箭术,恰好这时,一只大雁自东往西飞来。

更羸神秘地笑着对魏王说:"我无需用箭,只要虚拉一下弓弦,便能让那只鸟掉落下来。"

魏王不相信地笑道:"难道你的箭术已经精湛到这种地步了?"

更羸自信满满地说道:"您看着就好了。"

不一会儿,那只大雁便飞到了他们的头顶。

更羸拿起弓箭,拉弓扣弦,熟练的动作一气呵成,紧接着,

"崩"的一声弦响，便看见大雁先往高处猛地一冲，然后，在空中无力地扑打了几下，最后一头栽了下来。

魏王惊讶得目瞪口呆，连连拍掌叫好："更嬴，没想到你的箭术居然到了这种地步，实在是让人难以想象啊！"

更嬴却笑了，他说道："并非我的箭术精湛，而是本来这只大雁身体已经受伤了。"

魏王更疑惑了，不解地问道："大雁远在天边，你怎么知道它受伤了呢？"

更嬴回答道："这只大雁飞得非常慢，叫得也很悲凉。依据我的经验，飞得慢，是因为它体内有伤；叫声悲凉是因为它长时间脱离鸟群。这只孤雁创伤没有痊愈，惊魂未定，因此一听到尖利的弓弦响声就害怕得往高处飞。而它因为着急地拍打双翅，用力太猛，让伤口迸裂，从而疼痛难耐，栽了下来。"

魏王听后，恍然大悟，对更嬴更加赏识，并对他加以重用。

条件反射

故事里，那只大雁怎么一听到弦响就害怕得猛冲呢？

其实，大雁之所以对弦响这么敏感，是因为后天形成的一种条件反射。

所谓条件反射是指在一定条件下，外界刺激与有机体反应之间建立起来的暂时神经联系。当刺激再次产生时，有机体便会在大脑皮层的作用下，迅速做出相关反应。

正如故事里的大雁，因为之前被箭伤过，弓的声音给它留下了深刻的印象，变成了一种条件刺激，一旦再次遇到，它就会在大脑皮层的引导下，做出害怕的反应，从而急于逃跑。这跟打过针的小孩见到针便会哭相同。要是小孩从没打过针就不会有这种反应了。

因此，这只被箭射伤过的大雁，即使在更羸没有真正射出箭时，也会因为害怕而坠落下来。

出处：《战国策·楚策四》："更羸与魏王处京台之下，仰见飞鸟。更羸谓魏王曰：'臣为王引弓虚发而下鸟'……有间，雁从东方来，更羸以虚发而下之……（更羸）对曰：'其飞徐而鸣悲。飞徐者，故疮痛也；鸣悲者，久失群也，故疮未息，而惊心未去也。闻弦音，引而高飞，故疮陨也。'"

释义：被弓箭吓怕了的鸟。比喻经过惊吓碰到一点动静就非常害怕的人。

小锦囊：不要因为在某件事情上吃过亏，碰到类似情况时便害怕得乱了阵脚。不要太过惊慌，要沉着冷静，要仔细观察、认真分析。

鹦鹉学舌

|惹祸上身|

从前,有一个地主,他成天无所事事,闲得无聊,养了几只鹦鹉来陪自己说话。

这个地主腰缠万贯,拥有田地数十万亩,每年把田地租给农民。农民等粮食丰收后,就得分80%的粮食给地主,自己只能得到20%。尽管地主获得了这么高的回报,但是他还不满足,想尽一切办法压榨农民的劳动成果,对农民极其苛刻。农民们虽对他恨之入骨,却也只能忍气吞声。

有一年,遇到了自然灾害,农民们种下去的庄稼颗粒无收。自然,地主获得的粮食回报也变少了,不过他的仓库里还储备了大量的谷子,可保自己一年都衣食无忧。农民们只得去地主那里买粮食吃。

鹦鹉学舌

为了将好几年前的陈年旧谷以高价钱卖掉，地主和地主婆商量道："我们三年前的谷子都还有，我们将它掺在去年的谷子里，卖给他们吧！"

地主婆听了，点点头，笑着说道："就这么做！哈哈！"

然而，他们的对话却被鹦鹉听到了。鹦鹉低声重复着地主和地主婆的对话。忙着卖谷子的地主这几天没时间跟鹦鹉玩，所以，没有注意到鹦鹉嘴里的话。

三年前的谷子卖得差不多了，地主和地主婆高兴得合不拢嘴。可没想到，过了几天，一群拎着锄头、铲子的村民闯了进来，指着地主和地主婆愤怒地说道："好你个黑心的地主，竟然将三年前的谷子掺在新谷里卖给我们，实在太可恶了！"

地主极力狡辩，说自己没有这么做，鹦鹉却学着地主和地主婆的声音说道："三年前的谷子卖给他们！就这么做！"

村民们听了，拿着锄头、铲子就扑向了地主。地主被揍得鼻青脸肿，疼得哇哇大叫。

此后，地主一看到鹦鹉就很讨厌，没过多久，地主便让下人将这只鹦鹉给杀了。鹦鹉到死也没明白自己究竟犯了什么错。

鹦鹉为什么能学人说话？

故事中，鹦鹉因为学说了地主的话，最后招来杀身之祸，然而它却到死都不知道自己犯了什么错，实在是太可怜了。之所以会有这样的结果，是因为鹦鹉能学人讲话却并不知道话所表达的意思。

事实上，能说话是鹦鹉等鸟类的一种特殊反射行为，与它具有特殊结构的鸣管及舌头密切相关。

气管
气管环
鸣管
支气管

　　我们人类及其他哺乳动物能发声是依靠声带。声带在气管上端的喉头处。鸟类却不是这样，它们的发声器称为鸣管，在气管和支气管的交界处，通常通过最下部的几个（一般是3～6个）气管环膨大变形，且和相邻三对（左右）变形的支气管环共同形成。

　　鹦鹉的发声器官——鸣管较为发达与完善，拥有四五对鸣肌。鸣肌在神经系统控制下，能让鸣管中的半月膜收缩或松弛，回旋振动发出鸣声。

　　鹦鹉的发声器的上、下长度及与体轴构成的夹角都跟人的相似。发声器和体轴成直角，形成了有折节的腔，从而能够发出分节性的音，这种发声的分节化便是语言音与发展语言音的基础。

　　鹦鹉的舌根极为发达，舌头有肉质，非常圆滑，肥厚柔软，前端细长为月形，与人舌相似，转动灵活。具备了这些生理条件，鹦鹉才可以惟妙惟肖地模仿人语，发出一些简单、准确、清晰的音节。在鸟类学话前，要是对它们做点小手术，比方说，拿剪刀把舌内的舌骨剪断或进行捻舌等,能让鸟类更好地学一些复杂的语言。不过,鹦鹉只会跟着人类发同样的音节,却不知道音节所表达的意思,因此也只是一种简单的后天模仿行为。

出处:《景德传灯录·越州大殊慧海和尚》:"僧问:'何故不许诵经,唤作客语?'师曰:'如鹦鹉只学人言,不得人意。经传佛意,不得佛意而但诵,是学语人,所以不许。'"

释义:鹦鹉学人说话。比喻人云亦云,没有主见。

小锦囊:对任何事物或事情都应有自己的主见和看法,切不可人云亦云。

沐猴而冠

|目光短浅的项羽|

项羽幼年时，很不喜欢读书，后来只好改成练剑。然而，他练剑也极不用功，三天打鱼两天晒网，一副吊儿郎当的样子，他的叔父极为生气。

项羽一副无所谓的态度，说道："读书能有什么用啊，只不过是记名姓而已。学剑也仅可以抵挡住一个人，我要学就学可以抵挡住万人的本事。"

后来，项羽长大了，他组建了自己的军队。终于有一天，他率领部队攻进咸阳，杀死秦二世子婴，并将秦朝的宫殿烧了个精光。整理好秦朝的金银财宝后，他便准备回乡。

有人劝他说："关中这个地方极为险要，土地肥沃，在这里建都乃至称霸都有很好的地理优势。何不留在这里成就一份伟业？"

然而，项羽看到宫殿已经被烧毁了，觉得毫无利用价值，便一心想着赶紧回家，让家乡的人知道他有多厉害，于是说道："富贵了不回家乡，就跟穿着华服在黑暗中行走一样，有谁能看到呢？"

见项羽一心只想回家乡炫耀自己的战绩，劝说他的人很是无奈，只得摇头叹息道："人家都说项羽像只戴着帽子的猕猴，徒有虚名，我一直不相信，没想到，果真如此。"

后来，项羽在垓下打了败仗，逃至乌江，最后在乌江自刎。

猴子的模仿能力

故事里，劝说项羽留在关中成就一番事业的人，对目光短浅的项羽很是失望。因此，他说项羽是一只戴着帽子的猴子，只是一个小角色而已，根本没什么雄心壮志和长远的眼光。

然而，猴子真的会戴帽子吗？答案当然是肯定的。猴子不仅会戴帽子，还会模仿人类做出很多动作呢！

其实，猴子的这种模仿，是动物的一种后天学习性行为。模仿是通过观察和仿效其他个体的行为而改进自身技能和学会新技能的一种学习类型，一般通过自身实践等途径来获取。很多鸟类均可以通过模仿学会其他鸟类的叫声甚至人语，比如鹦鹉、八哥、乌鸦、椋鸟、园丁鸟、琴鸟等。再比如将狗与猫从小养在一起，狗能通过模仿学会用爪子洗脸和捉老鼠。

出处：《史记·项羽本纪》："人言楚人沐猴而冠耳，果然。"

释义：猴子穿衣戴帽，装成人样。比喻虚有其表，只是装扮得像个人物。

小锦囊：我们不仅要重视外在的仪容仪表，更要注重内在修为的培养，只有内外兼修才能成为一个温文尔雅的人。

杀鸡吓猴

|听话的猴子|

从前,有一个跑江湖的卖艺人,常年以卖艺为生,虽然卖艺能挣点银子,但是极为艰苦。于是,他特地从集市里买来了一只猴子,想训练它表演,自己则可以不用亲自上台了。

这只猴子很聪明,很快便在卖艺人的训练下,学会了抛球、走钢丝等技能。

"哈哈,真不错,这么快就学会了卖艺的技能。明天我就带你去街上表演。"卖艺人看着猴子娴熟的杂耍技能,开心地对猴子说道。

于是,第二天,卖艺人便带着猴子来到了街上。很快,乡亲们都纷纷赶来看表演。

卖艺人敲着锣说:"各位乡亲,各位兄弟,今天小弟和这只猴子就要为大家表演了。"

紧接着，卖艺人对着猴子敲起锣，但猴子却一动不动，只是愣愣地看着周围的群众，根本没有表演。乡亲们都失望地离开了。

卖艺人很是生气，回到住宿的客栈后，他觉得要想个办法教训一下猴子。于是，他在猴子的面前，抓来了一只公鸡，然后对着公鸡敲锣。公鸡听着锣声，站在原地一动不动，这时，艺人便拿出刀子，将公鸡宰了。猴子一见，吓得全身瑟瑟发抖。

第二天，卖艺人又带着猴子去街上卖艺，卖艺人对着围观群众说道："各位乡亲，各位兄弟，今天，小弟要和这只猴子一起表演了。"紧接着，卖艺人便对着猴子敲起锣来，这一次锣声一响起，猴子便乖乖地表演了起来，赢得了大家的喝彩。

卖艺人很是开心，回到住宿，用乡亲们打赏的钱给猴子买了很多好吃的。此后，只要卖艺人一敲锣，猴子便立刻进入表演状态。

猴子为什么变得这么乖呢？

从生物学角度来说，猴子的这种行为其实是一种条件反射。

卖艺人敲响锣，毫无反应的公鸡被卖艺人宰杀掉的整个过程，构成了一个强烈的外界刺激，向猴子传达了一个信

050

息——锣声响起，不表演，就会被宰杀。因此，锣声这一外界刺激，便与猴子这个有机体"进行表演"的反应之间建立起了暂时神经联系，从而构成了只要锣声一响猴子便会表演的条件反射。

出处：《官场现形记》第五十三回："拿这人杀在贵衙署旁边，好教他们同党瞧着或者有些怕惧。俗话说得好，叫作'杀鸡吓猴'。拿鸡子宰了，那猴儿自然害怕。"

释义：比喻用惩罚一个人的办法来警告其他的人。

小锦囊：当我们劝别人不要做坏事的时候，可以采取"杀鸡吓猴"的方法，举例说明一些做坏事的后果，来警告他们。

一朝被蛇咬，
十年怕井绳

|胆小的商人|

明成化年间（1465—1487年），在苏州有一位运气特别差的人，叫文若虚。他是一名船运工作者，经常跟随商船航海，因此，也有一些去国外的机会。

一次，他听说，在国外低价买点货物回苏州去卖，倒手便可以赚好几倍，于是，趁着船还停靠在国外的港口时，他特意去买了一些苏州没有人卖的首饰。结果，在船刚停靠在苏州的时候，却被港口工作人员没收了去。这一下，他丢了好几个月的工资，为此心中懊悔不已。

后来，他的一个朋友要去国外游玩。临行前，朋友给文若虚一两银子，并要他买上了几箩筐太湖产的橘子，跟随商船航海，一起到国外。一到目的地，朋友便将几箩筐的橘子拿到街上卖。结果几筐橘子居然卖了一百两银子，赚了100倍。

他的朋友很开心，很感谢文若虚航海途中的照顾，便将这100两银子送给了文若虚，还劝他："既然来到国外了，就顺便买点货物带回苏州倒卖吧！"

文若虚却摇了摇头："一朝被蛇咬，十年怕井绳，自从上次运气太差倒卖首饰被抓，我就再也没有这个胆量从国外买货物了。"

他的朋友咧嘴笑了笑，回国的时候，他的朋友买了点国外的农产品，结果在苏州很快卖完，净赚200倍，是文若虚好几年的工资。

文若虚看着羡慕极了。可是，在接下来的航海过程中，他还是没能鼓起勇气买点货物，朋友见了都为他干着急。

文若虚无奈地说道："没办法，之前那件事对我的影响太大了，不过，我不进货，心里就会比较踏实。"

"一朝被蛇咬，十年怕井绳"是一种条件反射吗？

故事里，文若虚因为之前从国外购买的货物被没收，损失了一些资金后，即使回报很高，他也不敢再从国外购买货物回苏州倒卖了。他这种胆小的行为用他自己说的那句"一朝被蛇咬，十年怕井绳"来形容，确实很贴切。可是，一朝被蛇咬，为什么就十年都怕井绳呢？

其实，这种行为也是一种条件反射。我们知道，被蛇咬过的人，身体上、心灵上受到了一定的伤害，这种被咬带来的痛苦给他们留下了很深的记忆和印

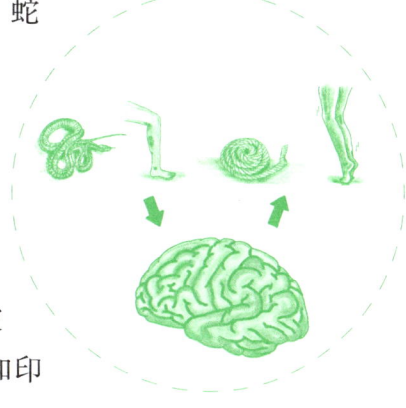

象，因此，蛇就成了一种条件刺激，被咬过的人看到它就会害怕。因为井绳跟蛇长得极为相似，所以，在人未完全看清楚之前，井绳被当成蛇，成为了一种刺激，传输到大脑皮层，大脑皮层会对这样的刺激做出反应，从而指导人做出相应的行为。因此，看到井绳他们也会害怕。

在这种条件反射形成之前，被毒蛇咬的经历越痛苦，印象越深刻，以后，人们对蛇的恐惧就越持久。

出处：《五灯会元·龙门远禅师法嗣》："问：'狗子还有佛性也无？'赵州道：'无意旨如何？'师曰：'一度著蛇咬，怕见断井索。'"

释义：比喻经历一次挫折以后就变得胆小怕事。

小锦囊：对于曾经遇到的挫折，我们应该吸取教训，不过，也不要因为盲目地害怕，从而失去理智的分析能力。

燕雀处堂

安逸的燕雀

战国末年,秦国部队大举进攻赵国,赵国的形势十分严峻,危机重重。

魏国是赵国的邻国,看到邻国处于岌岌可危的状态,魏国的大臣们却毫无戒备,甚至还认为形势对魏国有利。

魏国的国相子顺不解:"你们有什么依据?"

他们回答道:"要是秦国打败了赵国,我们便马上跟秦国求和;要是秦国打了败仗,我们便乘机攻打秦国,这样便可以轻易地获得胜利。"

子顺并不赞同他们的看法,摇摇头,笑着说:"未必如你们所说。要知道,秦国自从秦孝公即位后,从未战败过,他们的将领也均为作战经验非常丰富的优秀人才。这次,秦国肯定可以打败赵国,我们根本无机可乘。"

他们又说道:"就算赵国被秦国打败,对我们魏国来说也没什么损失啊。邻国遭殃,无法强大,这对我国来说,不是好事吗?"

子顺反驳道:"秦国是一个侵略成性的国家,它攻占了赵国,肯定不会就此打住,那时候就轮到我们魏国遭殃了。"

大臣们听了,都认为事情没子顺想得那么糟,是子顺自己过度担忧了。

为了开导糊涂的大臣们,子顺讲了一个故事:燕雀们住在堂上,母子聚居在一起,快乐而安逸,它们觉得住在人家的屋檐上真是太安全可靠了。然而,一天,这家人的烟囱坏了,火苗蹿起来,没多久便烧到了屋梁引发了大火,大火很快就要烧着燕雀们的巢了,而燕雀们却一副无忧无虑的样子,根本没有意识到大祸就要来临。

子顺的故事一讲完,便神色庄重地对大臣们说:"你们看,赵国如果被秦国攻占,大祸就会降临到我们的头上,难道大家要跟这些无知的燕雀一样吗?"

这会儿,所有的大臣都不再说话,默认子顺说得有道理。

> 燕雀安逸的生活习性并非一朝一夕形成的

故事里,子顺用住在堂上的安逸的燕雀遇到危险也不自知来劝诫安逸而悠然的大臣们,提醒他们要居安思危,成功地点醒了他们。然而,居住在堂上的燕雀们,大火烧到了窝还一副无忧无虑的样子,这种安逸的生活习性是一朝一夕形成的吗?

动物的生活习性以及生活习惯的形成跟环境密切相关。环境通常包括生物因子和非生物因子两大类。生物因子又叫有机环境,主要包括植物、动物、微生物等因素；非生物因子又叫理化因子，主要包括气候、基底与水等自然因素。其中，基底便是动物生命活动过程中栖息、隐蔽、活动和觅食的环境，如土壤、岩石、树林等均是陆生哺乳动物的基底，居住于堂上的燕雀们，则是介于树林和人类社会之中。不同种类的哺乳动物的形态结构、生活习性等方面均表现了对各种环境的适应。

在自然界中，种族斗争激烈并随时有被捕捉的危险，动物的忧患意识会很高，时刻保持警惕。而家养的猫狗，因为不用为食物担忧也不用担心被别的动物捕食，所以它们过得很安逸。因此，慢慢地，它们和野外的同物种也产生了差异，爪子的锋利度，应对危险的灵敏度都会不一样。

故事中，居住在堂上的燕雀们，因长期处于安逸的状态，只要躲进窝里，便可以安心睡觉，有时候人类还会喂给它们食物。日积月累，它们习惯了这种慵懒的生活状态，大大降低了对外界危险的防范意识，以至于火就要烧到窝了还未发觉。这就是它们所处的环境对它们适应性的影响。

出处：《孔丛子·论势》："燕雀处屋，子母相哺，煦煦焉其相乐也，自以为安矣；灶突炎上，栋宇将焚，燕雀颜色不变，不知祸之将及己也。"

释义：比喻生活安定而失去警惕性。也比喻大祸临头而自己不知道。

小锦囊：生活不要太安逸，否则，会失去斗志。要居安思危，尽力发挥出自己身上的才能，才会有所成就。

狡兔三窟

孟尝君的三个"洞"

战国时期,齐国的相国叫孟尝君,他非常喜欢和才学渊博的有志之士交朋友,拥有三千多位门客。而这些门客按照才能的高低被分为上、中、下三等。

其中,有一位门客叫冯谖,因为冯谖说自己没有什么专长,孟尝君虽然将他留下了,但是,并没怎么理会他,且将他划分到了下等里。

对此,冯谖很不满,成天发牢骚:"这儿什么好吃的都没有,原来孟相国就是这样对待他的门客的!"孟尝君怕这话传出去自己没面子,便将冯谖升为了上等的门客,还给冯谖的母亲送去吃的和用的东西。

后来，孟尝君将一份去薛地讨债的活交给了冯谖。启程之前，孟尝君要他收到债后，买一点府里没有的东西回来。

冯谖到了薛地，他见欠债者均为贫苦庄户，便以孟尝君的名义勾销了债款，并烧毁了债务契约。薛地人顿时对孟尝君感激涕零，然而孟尝君却被气得勃然大怒。

冯谖却回答说："您财宝马匹美女都不缺，我就替您买了'仁义'回来。"孟尝君哑口无言。

后来，孟尝君被齐王革职，迁往薛地定居，薛地百姓对他尤为尊敬和拥护，孟尝君这才明白冯谖当时所购买的"仁义"的价值所在。

孟尝君问冯谖："你怎么看得这么长远？"

冯谖说："俗话说，'狡兔三窟。'狡猾的兔子都得有三个洞藏身，才能不被猎杀。您现在住薛地，只有一个"洞"，还很危险！要是齐国的国君对您不满意要杀您，您连其他藏身的地方都没有！所以，您还不能高枕无忧，安然入睡！"

孟尝君一听："那我该怎么办呢？"

冯谖说："您放心，我会让您像狡兔一样，拥有三个安全的洞藏身！"

紧接着，冯谖去见了梁惠王，他对梁惠王说，要是梁惠王可以请到孟尝君帮他治理国家，那梁国一定可以变得更强盛。梁惠王听后很快派人带着一千斤黄金、一百辆马车去请孟尝君做梁国的相国。不过，梁国的使者来了三次，冯谖均让孟尝君拒绝了。此消息传到了齐王的耳朵里，齐王一急，便立刻派人请孟尝君回齐国当相国。

此外，冯谖又叫孟尝君在薛地建立宗庙，用以确保薛地的安全。这便是孟尝君的第三个"洞"。

兔子的自我保护

故事中，冯谖参照兔子备好三个洞来摆脱猎人以及其他动物的猎杀这一习性，也为孟尝君安排了三个地方作为遇难时候的藏身之地。然而兔子是出于自我保护，冯谖则是为了保护他人。

兔子作为一种小型的动物，它尾短而向上翘，前肢比后肢短，善于跳跃，跑得很快。因此，在面临大型动物追捕的时候，它最常用的方法便是快速地逃离它们的视线，并找个安全的地方藏起来。

作为森林中的弱者，它必须做好保护自己的安全措施，要不然，极易成为其他动物的口中之食。所以，它会给自己准备好三个洞，当其中一个洞被敌人发现了，它便马上转到另外一个洞去。有人认为它狡猾，但是更多的人却认为这是动物的生存法则决定的，是迫不得已而为之。

在自然界中，动物都会利用各种方法来保护自己，这是一种适应环境的表现。我们熟知的青蛙的绿色皮肤，是它长期适应田野生活的

结果，也为它更好地在田野环境中保护自己提供了先天条件。绿色就是它的保护色。

此外，壁虎采用扔掉尾巴的方式逃生，乌贼喷射墨汁遮挡敌人的视线等，也都是动物的自我保护行为。

出处：《战国策·齐策四》"狡兔有三窟，仅得免其死耳；今君有一窟，未得高枕而卧也；请为君复凿二窟。"

释义：狡猾的兔子准备好几个藏身的窝。比喻隐蔽的地方或方法多，做好了充分的准备。

小锦囊：世事万物随时在变，凡事要认真对待，做好充足的准备，有时甚至得多留条后路，以备不时之需。

鹿死谁手

|有自知之明的皇帝|

东晋时期，十六国中后赵的开国皇帝名叫石勒。

有一天，高丽的使臣出使后赵，后赵皇帝石勒特设宴席招待他。

席间，大家都喝得很畅快，酒过三巡，石勒在快要醉的时候，来了兴致，他大声地问身边的臣子徐光道："在古代的君王中，我跟谁可以匹敌？"

这可是个难题，要是答好了则相安无事，要是答得不好，恐怕要有血光之灾，而且在高丽使臣的面前，怎能不给皇帝面子。于是，徐光沉思了一会儿，说道："您非凡的才智比汉高祖刘邦更厉害，高超的本领又胜过魏太祖曹操，从三皇以来，无一个君王能和您相比，您称得上是轩辕黄帝第二吧！"

石勒听着徐光这话，心里很舒坦，不过他还是有自知之明的，他笑着说道："人怎么可以不了解自己呢？你说得也太夸张了。我要是遇到汉高祖刘邦，我一定做他的手下，听从他的命令，仅跟韩信、彭越比个高低就行了，不过，要是碰到光武帝刘秀，我便要和他在中原一决雌雄，比比高低，到底'鹿死谁手'，估计最终的结果也无法猜到。"

徐光听后不停点头，他认为皇帝石勒确实是个有自知之明的人，不浮夸，也不妄自菲薄，是一个对自己的能力有足够了解的人。

高丽的使臣听后，也对这个皇帝有所赞赏，回去告诉了自己君王，并与后赵达成了友好往来协议。

强强相斗，只为争食

故事中，皇帝石勒认为自己跟光武帝刘秀争夺政权的话，真不知道最后谁胜谁负，他用"鹿死谁手"来形容这种强强相斗时未知的结局。

实际上，在自然界中，存在真正的"鹿死谁手"的情况。鹿是一种较为温驯的动物，擅长逃跑，攻击性较低，常常是老虎和狮子猎食的对象。

作为猛禽的老虎和狮子，常常会狭路相逢，同时看上一只鹿。老虎和狮子便会为争夺一只鹿而竞争起来。这便是自然界中普遍存在的种间竞争。

种间竞争是指两个或多个物种之间对资源的竞争。一般来说，种间竞争的物种具有相同的资源需求，或

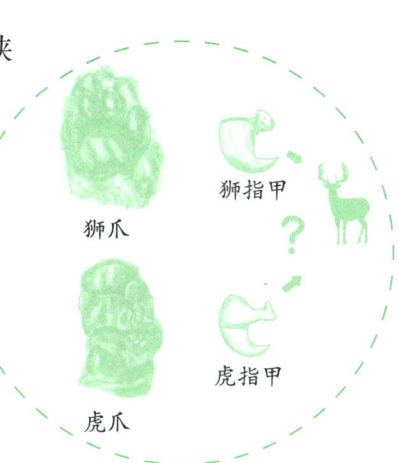

所吃食物相同，或生活场所的环境相同。当不同物种，所需的资源相同的越多，彼此的能力不相上下，它们的竞争就越激烈。

正如老虎和狮子，它们都是森林中凶猛的动物，都以较弱小的动物为食，彼此的食物有很多相同的，以至于会在食物的需求方面产生竞争。老虎与狮子的力量相差不大，且各有所长，所以在争夺食物的时候，谁胜都有可能。不过，老虎喜欢独居，而狮子喜欢群居。单独一只老虎的猎捕能力已很高超，所以就算独居，他依然不会饿死。喜欢群居的狮子，则更不可能饿死了。也就是这些差异，才导致老虎和狮子都不会在争夺食物中太过逊色，才得以一直共存在自然界。

出处：《晋书·石勒载记下》："朕若逢高皇，当北面而事之，与韩、彭竞鞭而争先耳。脱遇光武，当并驱于中原，未知鹿死谁手。"

释义：原比喻不知政权会落在谁的手里。现泛指在竞赛中不知谁会取得最后的胜利。

小锦囊：生活中，我们无时不在竞争。无论最后的结果是怎样，我们都应全力以赴地发挥出自己的水平，不致留下遗憾。

鹬蚌相争，渔翁得利

苏代游说赵王

战国时期，赵国要去攻打燕国，燕国并不想与赵国发生战争，于是燕王特派遣谋士苏代去劝说赵王。

来到赵国，赵王设宴接见了苏代。宴席上，苏代并未直接劝说赵王放弃攻打燕国，而是给赵王讲了一个这样的故事。

有一只大蚌趴在河滩上懒洋洋地晒着太阳，它刚刚张开外壳，旁边一只水鸟鹬便伸出长长的嘴巴去啄大蚌的肉，没想到，大蚌趁鹬的嘴巴伸进壳里的时候，立刻快速地收紧外壳，把鹬的长嘴夹住。

鹬很生气地说："今天不下雨，明天不下雨，我看你怎么活下去？"

大蚌也毫不让步地说："今天不放你，明天不放你，我瞧你也活不成！"正当鹬和蚌闹得不可开交的时候，一个渔翁经过，看到了僵持不放的鹬和蚌，他毫不费力地就将它们捉住了。

故事讲完后，苏代对赵王说："赵国攻打燕国就像鹬蚌相争一样，燕赵均得不到什么好处，而强大的秦国便跟渔翁一样什么也不做，却从中获得了利益。"

赵王听后，觉得苏代说得很有道理，立刻打消了征战燕国的念头，并与燕国友好往来了好多年，双方百姓均未受到战争之苦。

物种间的捕食关系

故事里，苏代巧妙地运用鹬蚌相争最后让渔翁得利的例子，成功说服了赵王放弃吞并燕国的想法。其实，从生物学角度来说，鹬蚌相争也是一种物种间的捕食关系。

在优胜劣汰的生态环境里，物种

间存在一种捕食关系。所谓的捕食关系是指一种生物以另一种生物为食的种间关系。前者为捕食者，后者为被捕食者，就像兔与草、狼跟兔均为捕食关系。鹬可以以蚌壳内的蚌肉为食，因此，鹬为捕食者，蚌为被捕食者。一般来说，捕食者是大个体，而被捕食者是小个体，大个体吃小个体。捕食的结果，不仅受被捕食者的种群数量的影响，还受捕食者本身种群变化的影响。捕食者与被捕食者的关系也非常复杂，是一种种间的对抗性关系。

就像狼捕食兔子时，兔子并不会乖乖等在那里被吃，在狼的追逐下，它会逃跑或抵抗。所以，蚌为了摆脱被吃的危险，便有了"收紧外壳，将鹬的长嘴夹住"的情况。

如果针对鹬的捕食不做任何反应，蚌就只有被宰割的命运了，长期下来，蚌便会在自然界消失。所以，蚌这种积极的抵抗方式，也是生存竞争的必然结果。

出处：《战国策·燕策二》："蚌方出曝，而鹬啄其肉，蚌合而拑其喙。……两者不肯相舍，渔者得而并禽之。"

释义：用来比喻争夺的双方互不相让，结果两败俱伤，让第三者得到了利益。

小锦囊：在处处充满竞争的现代社会，不要事事都计较，懂得放弃一些不必要的竞争，才能更快乐地生活。

兔死狐悲

女中豪杰"四娘子"

南宋时期,由于金朝势力的扩张,山东也纳入了金的统治范围。山东农民因不满金朝的统治,掀起了一股抗金斗争的热潮。当中最有名的便是杨安儿、李全等领导的几支红袄军。

有起义就会有镇压,杨安儿不幸在金军的镇压中牺牲。起义军急需带领人,女中豪杰杨安儿的妹妹杨妙真(号"四娘子")挺身而出,带领起义军自益都(今山东省青州市)转移到了莒县(今山东省莒县),继续抗金。后来四娘子嫁给了李全,两支起义军也合并成了一支部队,并在楚州(今江苏省淮安市楚州区)驻扎起来。队伍发展极为迅速,但李全被权力所诱惑,产生了发展个人实力、割据一方的野心。

南宋朝廷深感畏惧,特派太尉夏全带领部队攻打楚州,四娘子派人去说服夏全，对夏全说道："你也是从山东率领起义军抗金后归附宋朝的，现在你却带部队来攻打我们，就像兔子死了，狐狸也会悲伤哭泣，要是李全灭亡了，只留下你夏全，就一定能生存下去吗？将军何不和我们一起团结起来，共同对抗外来侵略呢？"夏全被四娘子的一番话所打动，同意了四娘子的建议。

物种间的互助

故事中，四娘子用兔子死了狐狸也会悲伤哭泣，说服夏全放弃围剿。然而，在现实生活中，兔子死了，狐狸真的会哭泣吗？

答案无从知晓，但可以肯定的是，像兔子和狐狸为了抵抗共同的敌人而结成联盟并彼此相怜相惜的现象，从生物学的角度来看，是物种间一种互助的形式。自然界中，物种间存在为了食物和生存空间而互相竞争的情况，也有为了共同的目标彼此互助的情况。

总的来说，物种的互助分原始合作、互利共生和偏利共生三种。

原始合作是指两种生物共居在一起，给双方都带来一定程度的利益，但彼此分开后，各自又都能独立生活。这是一种比较松散的种间合作关系。海洋甲壳动物蟹类的背部常附生着多种腔肠动物，如寄居蟹和海葵。共居时，腔肠动物借助蟹类携带残余食物；而蟹类则依靠腔肠动物获得安全庇护，双方互利，但又并非绝对需要相互依赖，分离后各自仍能独自生活，这便是典型的原始合作关系。

互利共生是指两种生物共同生活在一起，相互依赖，彼此有利，如豆科植物和根瘤菌、人体肠道中的某些细菌与人。

而偏利共生是指两种生物生活在一起，对一方有利，对另一方也无害。如有些植物攀附在大树上。

出处：《敦煌变文集·燕子赋》："叨闻狐死兔悲，物伤其类；四海尽为兄弟，何况更同臭味！"

释义：兔子死了，狐狸感到悲伤。比喻因同类的不幸而感到悲伤。

小锦囊：做人要有同情心和爱心，善待我们身边的人。常怀善意会有意想不到的收获。

飞蛾投火

|胆大心细的武松|

英勇威猛的武松,为给哥哥武大郎报仇,杀死了西门庆和潘金莲,随后,被充军到孟州牢城。

在去往孟州的路上,天气炎热,武松和两个押送他的官差又饿又渴,只好在十字坡上的酒店歇脚,喝酒吃饭。开店的女老板孙二娘看到武松的包裹鼓鼓的,以为装了大把的金银,便动了歪心思,想用蒙汗药蒙倒三人,然后谋财害命。

武松不仅武功高强,而且是个胆大心细的人。孙二娘的歪心思很快被武松识破。

不过,他并没有拆穿她,而是借用大家的流言说道:"江湖上人人都说,这大树十字坡酒店,客人从不敢从这里过,胖的客人会被剁成包子馅，瘦的则直接去填河……"

一听这话，孙二娘心中一震，不过脸上依旧笑意盈盈，说根本没这回事。

武松又问："这包子馅里不会有头发吧？你相公怎么不在家？"

孙二娘为不让他看出自己的心思，都一一回答了。不过，她心里却憋了一肚子气，回到厨房后，冷笑着自言自语："这犯人是想死吗？竟敢来捉弄老娘！还真是飞蛾投火，自取灭亡啊。"

于是，她马上让店小二在美酒中放了烈性蒙汗药，将热好的酒倒成三大碗，端给了武松和两位公差。两位公差很快仰头喝了下去，武松知道其中必有蒙汗药，就假装喝下，趁他人不注意的时候，偷偷将药酒倒在了桌底下。两位公差很快被迷倒，武松也假装晕倒。

以为得逞的孙二娘哈哈大笑着走过来，叫店小二将三个人抬到厨房后，打算捆绑上然后杀掉。店小二抬走两位公差，却根本抬不动武松。孙二娘见状，也一起帮忙。武松趁势扼住了孙二娘的喉咙，正想杀掉孙二娘时，孙二娘的丈夫张青赶来，了解情况后，才知这是打虎英雄武松，急忙拜见，三人相见恨晚，结成了好友。

就这样，武松的"飞蛾投火"成就了三个人的友谊。

飞蛾为什么要投火？

故事中，武松明知孙二娘要害他却还故意迎上去的行为，跟飞蛾明知靠近火源便会被烧死却依然不顾一切地飞去类似。其实，飞蛾的"投火"行为是它的一种习性，是它们的习惯行为。

飞蛾属于夜行动物，在夜间出来活动，是为了可以在黑暗中躲避天敌，飞向光源相当于暴露自己的行踪，自寻死路。既然这样，飞蛾为什么还会这样呢？

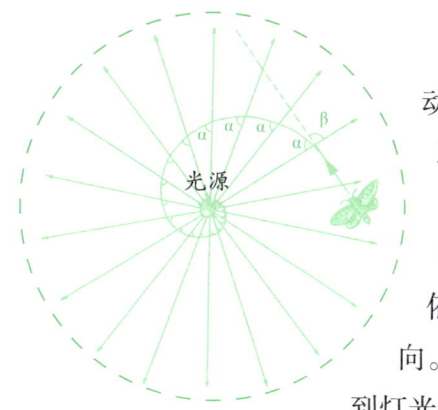

这是因为飞蛾类昆虫在夜间进行飞行活动时，通常都是借助月光来判定方向的。飞蛾通常让月光从一个方向投射到自己的眼里。飞蛾在逃避敌人的追逐，或者绕过障碍物转弯以后，它接着再转一个弯，月光依旧从之前的方向射来，它也就找到了方向。这种定向行为称作"天文导航"。飞蛾看到灯光时，把它错当成了"月光"。所以，它依旧借助这个"月光"来辨别方向。可是，月亮距离地球极为遥远，飞蛾只要保持同月亮的固定角度，便能让自己朝着一定的方向飞行。然而，灯光距离飞蛾非常近，飞蛾按照之前的习惯依旧让自己和光源保持着固定的角度飞行，便只能绕着灯光不断地转圈，最后筋疲力尽直接撞到了灯光上。

所以，飞蛾投火只是它利用光源来定位的生活习性而形成的一种惨剧，并非它真的想自取灭亡。

出处：《梁书·到溉传》："如飞蛾之赴火，岂焚身之可吝。"

释义：也作"飞蛾扑火"。比喻自取灭亡或比喻不顾一切地奔赴所向往的目标。

小锦囊：向往的东西我们固然渴望获得，但是盲目地、不计后果地去追求，反而会让自己陷入悲惨的境地。

千里之堤，毁于蚁穴

|疯狂的河水|

在黄河岸边的不远处有一片村庄，人们世世代代在这里生存。

为了防止黄河泛滥，农民们在岸边筑起了又高又长的堤坝。

有一天，有个农民突然发现堤坝上增加了很多蚂蚁窝。他很紧张，担心这些蚂蚁窝太多，会让堤坝变得不稳固，甚至倒塌，给村子带来大灾。于是，他急匆匆地跑回村去报告。

回家路上，他恰好碰到了他的儿子。老农把自己看到的情况，告诉了儿子。

儿子听后，觉得老农太过小题大做了，他对老农说道："这么坚固的长堤，还会怕那区区几只小小蚂蚁吗？别这么操心了。"说完，他便拉着老农一起去地里干活了。

千里之堤，毁于蚁穴

傍晚，天色突然变得阴沉起来，老农断定一场暴雨即将来临，他还惦记着那蚂蚁窝的危险，于是拔腿就跑回了村庄，把蚂蚁窝的事情告诉了村长。没想到村长也是一副不以为然的样子："我们的堤坝可是世世代代筑起来的，不仅高大而且坚固，岂是几只蚂蚁就可以撼动的？你放心吧。"

听村长这么说，老农也没敢再多想。

当天晚上，雷鸣电闪，暴雨倾泻而下，猛涨的黄河水像咆哮的狮子，不断地冲击着堤坝。河水从无数的蚂蚁窝里渗透了出来，随后喷射而出，堤坝被冲毁了。滚滚黄河水狂涌而来，吞没了村子和村子里的人。

在河水中挣扎的儿子，慌张地叫着："爹，爹，不会真的是那些蚂蚁窝引起的吧？"

那个老农来不及回答他，便被凶猛的河水淹没了，紧接着他的儿子也被淹没了。

优秀的"建筑专家"——蚂蚁

故事里，在生命的最后一刻，老农的儿子才突然意识到，也许这次的黄河泛滥真的与蚂蚁窝有关，不过，遗憾的是，他已经再也没有时间去验证这个问题了。而事实上，这次的黄河泛滥确实与蚂蚁窝有关。这是为什么呢？

首先，我们来了解一下蚂蚁窝。

蚂蚁的巢穴从外面看，仅可以见到一个小孔，而实际上，它里面尤为庞大、复杂。

蚁穴牢固、安全、舒服，道路四通八达，里面的各个房间都各有用处。其中蚁后的房间最大。而全部的房间均由工蚁照管，它们把一

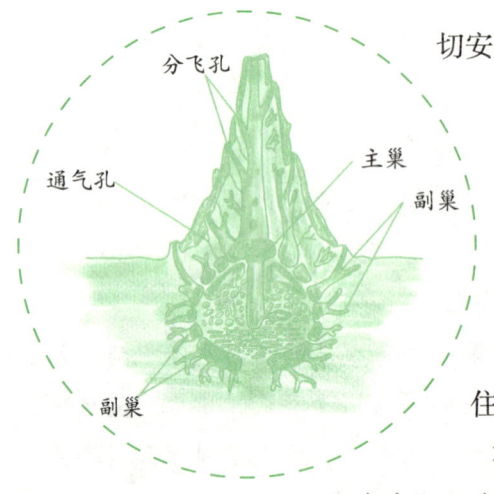

切安排得有条不紊。

看上去很小的巢穴孔，它的内部却大得惊人。因此，老农发现了在堤坝上存在无数个蚂蚁窝，说明堤坝的里面已基本上都被蚂蚁占据和挖空了，以致堤坝的坚固性和牢靠性大大降低，根本承受不住大水的冲蚀，从而产生了灾难。

在动物界中，蚂蚁称得上是"建筑专家"。它们建造的蚁巢各种各样，绝大部分在地下土中。蚂蚁还把一些叶片堆积于入口不远处，呈小丘状，用于保护巢穴；也有的蚂蚁把植物叶片、茎秆等筑成巢挂于树上或岩石间。另外，聪明的蚂蚁还能调节巢穴的温度。寒冷的天气，它们会将受到太阳长时间照射的石粒放于巢穴顶端，如此一来，它们的巢穴便在整个晚上都非常暖和。而在沙漠中还存在一种蚂蚁，建的窝远远看上去仿佛一座城堡，竟有四五米之高，让人不得不佩服小小蚂蚁的筑巢能力。

出处：《韩非子·喻老》："千丈之堤，以蝼蚁之穴溃；百尺之室，以突隙之烟焚。"

释义：比喻小事不慎将酿成大祸。

小锦囊：不要过于小看自己所犯的错误，小错一点点积累就有可能变成无法挽回的大错。

百足之虫，死而不僵

|曹冏的奏折|

东汉末年有一位贤士名叫曹冏。魏王曹操着力想稳定好大局并巩固统治权，于是召集群臣商讨相关策略，作为魏王的宗室和贤才，曹冏也参加了这次会议。

在回家的路上，曹冏看到了一种叫马陆的虫子，虽然身子被切去了一半，却还能继续蠕动，这让他忍不住想起了"百足之虫，死而不僵"这句古语。

回到家后，他便写了份奏折呈给了魏王曹操。奏折上写道："故语曰：'百足之虫，死而不僵。'扶之者众也。"

他的意思是：有句老话说，有一种称为马陆的虫子，身体被切断后还可以蠕动。这是因为支撑着它的脚很多，所以切掉一部分也不会有太大的影响。

　　曹冏借用这句古语，是想劝告曹操大力重用亲信，扶植自己的势力，大量招揽天下人才为己所用，只有这样，才可以稳定好大局，才可以巩固自己的统治。

　　曹操看了奏折后，很快明白了曹冏的意思，并认为曹冏说得很有道理，于是开始广招人才，并对亲信加以重用，基本上稳住了局势和自己的统治。

百足之虫——马陆

　　马陆真的如古语所说，有百足且身体被切断后还可以蠕动吗？

　　马陆又称千足虫、千脚虫，是一种陆生节肢动物，也是一种无脊椎动物，为体节两两愈合（双体节）型，它的体形为圆筒形或长扁形，主要分头与躯干两部分。头上长了一对粗短的触角，躯干由许多体节构成，多的可达几百节。除头节没有足外，头节后的3个体节每节都有一对足，其他体节每节则存在两对足。

　　除头4节外，每对双体节还有两对内部器官：两对神经节与两对心动脉。大部分马陆都存在一个钙质背板。因此，每一节都有对应的神经节和心动脉，所以马陆被切断一部分，依然能保持器官的完整，从而继续爬行。

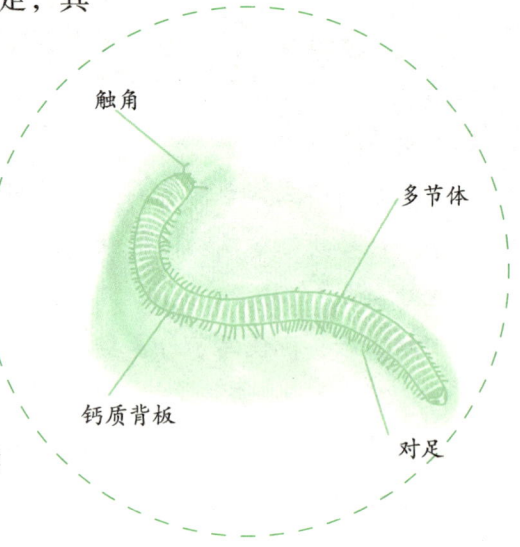

百足之虫，死而不僵

马陆昼伏夜出，一般都栖息在潮湿耕地或枯枝落叶堆、瓦砾、石堆下，行动较为缓慢，常成群游行。马陆是植食性动物，主要以腐殖质为食，偶尔会损害农作物。

马陆行走时左右两边的足同时行动，前后足有秩序地前进，密接成波浪式运动，极富节奏感。然而，因为它足很多，行动极为迟缓。

自卫时，马陆并不会咬噬，大部分时候会把身体蜷曲，头卷在里面，外骨骼在外侧，同时可分泌一种刺激性的毒液或毒气用来防御敌害。

出处：三国魏曹同《六代论》："故语曰：'百足之虫，至死不僵'，扶之者众也。此言虽小，可以譬大。"

释义：百足虫即使死了也不倒下。比喻某人或某集团虽然失势了，但仍存在一定的气势和能量。

小锦囊：在安逸的时候不要骄逸，太平的时候有所防备，时刻心存危机意识，才能避免灾祸。

如蝇逐臭

|贪财之人|

在宋代，民间流传着这样一个谣言：江南一位有钱的商人死前将一笔金银财宝藏在了自家地底下的密道里，然而，密室和密道在哪里均无人知道。只有一张藏宝图记录着藏宝的地方，而藏宝图大家也是只听说过，却并未有人真正见过。

商人死去没多久，便有很多爱财之人纷纷来到商人所在的城镇里，开始寻找藏宝图。有些人找了多日也未见藏宝图，便在夜间偷偷摸摸来到商人的豪宅，探寻着密道所在。

一天晚上，一个杨姓男子偷偷潜入商人家的豪宅，在商人妻子的房间找到了一张画着各种路线的地图。他心中大喜，以为这便是他苦苦找寻的"藏宝图"。他立马逃到了院子里，正想将藏宝图藏入口袋，等回家再细看时，突然背后出现了一个蒙着面的黑衣人，一把将藏宝图夺了过去。

杨姓男子自然不甘心，便和黑衣人抢了起来，两人对打，引来了更多为藏宝图而来的人，他们纷纷扭打在一起，藏宝图也是一会儿落在这个的手里，一会儿又落在那个的手里，为了能获得金银财宝，他们拼尽了全力，结果自相残杀，无一生还。

第二天，商人的妻子醒来，看到院子里躺着的尸体，不禁感慨道："这些如蝇逐臭的贪财的人啊，真是傻，根本就没有所谓的藏宝图，我家老爷也没有将财宝藏到密道，那只是谣言，你们也信。真是可悲啊！"

苍蝇真的喜欢臭味吗？

故事里，那些贪财的人因为爱金银财宝而如苍蝇逐臭般，不分辨真假，趋之若鹜，最后丧命，实在是可悲。然而，苍蝇真的喜欢臭味吗？

苍蝇是一种双翅目动物，触角比头部与胸部的总长短，只有3节。复眼2只，单眼3只。口器是舐吸式。前翅膜质，用于飞翔。

苍蝇经常扑向又脏又臭的地方，这是因为苍蝇的食物非常杂，香、甜、酸、臭都喜欢，尤其喜欢泛着臭味的人或畜禽的粪尿、痰、呕吐物及尸体。因此，苍蝇有"逐臭"的特性。它进食时也很特别，习惯边吃、边吐、边拉。

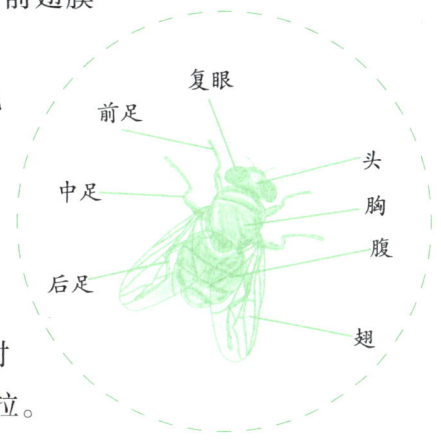

有人曾观察过，在食物丰富时，苍蝇每分钟会排便4~5次。所以，不仅它自己喜欢吃臭的东西，它自己本身也会带来比较臭的味道。

此外，苍蝇的体表多毛，足部爪垫可以分泌黏液，非常容易附着病原体；而且它们经常停留于人体、食物、餐具上，停落时还有搓足和刷身的习性，附着在它身上的病原体会迅速污染食物及餐具，人再去吃这些食物及使用被污染的餐具便易生病。

出处：《红楼梦》第七十七回："那媳妇……每日家打扮的妖妖调调，两只眼儿水汪汪的，招惹的赖大家人如蝇逐臭，渐渐做出些风流勾当来。"

释义：像苍蝇一样跟着有臭味的东西飞。比喻人奉承依附有权势的人或一心追求钱财、女色等。

小锦囊：不要太过迷恋钱财和美色，也不要太阿谀奉承一些有权势的人，要做一个正直而又懂得控制自己欲望的人。

噤若寒蝉

|一声不吭的刘胜|

东汉末年，有位文人叫杜密。他正直，执法严明，凡事都能秉公处理。他任太守一职时，参加过打击宦官集团的斗争，对官宦子弟的违法行为也一律按相关法律处理，绝不徇私枉法，因此得罪了一些权贵，后来，被革职回到颍川老家。

虽然不再为官，但他依然关心国家大事，依旧爱憎分明，还常常去拜会颍川郡守、县令，跟他们一起畅谈天下大事，并向当地的一些官员推荐好人好事，揭发一些坏人坏事，很是勤快。

然而，同郡的原本在四川任蜀都太守的刘胜辞官回到家后，却和杜密截然相反，闭门不见客，对世事不闻不问。杜密很是不解。

颍川太守王昱也看不惯刘胜的行为，便对杜密说："刘胜真清高，公卿多次举荐他任职，他均拒绝了。"

杜密听出了王昱的话中有话，直言道："像刘胜这样的人应该为国为民多做些事情。不过，他不举荐好人，对恶人坏事也不敢揭露指责，只求保全自己，像深秋的蝉一样，一声不吭，可以说是当今社会的罪人。"

寒蝉为什么不说话？

故事里，杜密为什么会用"噤若寒蝉"来形容一声不吭的刘胜？秋天里的蝉真的不叫吗？

蝉就是我们俗称的知了。蝉是一种昆虫，雄蝉的腹部存在一个发音器，可以连续不断地发出尖锐的声音。雌蝉不会发声，不过在腹部也有发音器。

雄蝉的发音器位于腹基部，就像蒙上了一层鼓膜的大鼓，鼓膜受

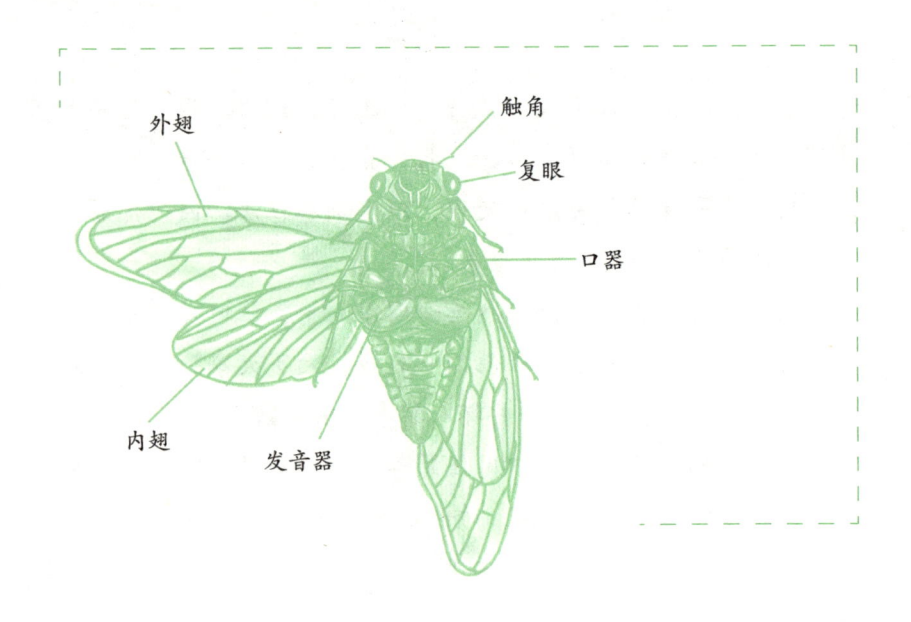

外翅　触角　复眼　口器　内翅　发音器

到振动便会发出声音。因为鸣肌每秒可以伸缩大概1万次，盖板与鼓膜之间为空，可以起到共鸣的作用，因此其叫声非常响亮，甚至可以轮流使用各种不一样的声调激昂高歌。而雌蝉的发音器构造不完全，无法发声。

我们在夏天常能听到蝉在鸣叫，而到了深秋却很少听到。这是因为夏天为蝉繁衍后代的时候，雄蝉为了吸引配偶所以卖力鸣叫，然而，雄蝉在和雌蝉完成交配后，便会死去，所以只剩下了不能鸣叫的雌蝉。

出处：《后汉书·杜密传》："刘胜位为大夫，见礼上宾，而知善不荐，闻恶无言，隐情惜己，自同寒蝉，此罪人也。"

释义：像深秋的蝉那样一声不吭。比喻因害怕或有所顾虑而不敢说话。

小锦囊：要敢于说正义的话，做正直的事，切不要因为害怕而不敢说出真相，害了好人。

植 物 篇

拔苗助长

|心急的人|

有个急性子的农民,他总是觉得田里的水稻秧苗生长得太慢了,老盼着小苗儿快快长高。一没事儿干,他就成天围着他那田地来回转啊转的,光看还不够,隔一会儿就蹲下去使劲儿瞧,用自己的手比画,丈量秧苗有没有长高,只是秧苗似乎都没怎么长,永远都是那高度。

这农民看着自己的秧苗都不长高,心里很是着急,究竟怎样才可以让秧苗快快长高呢?他使劲儿想啊想,终于想到了一个办法:"我把小苗们都往上拔一下,那小苗不就都长高了一大截吗?"说干就干,于是他立刻动手把秧苗一株一株地向上拔。他从中午一直忙乎到日落才全部拔完,然后拖着疲惫的身子走回家。

刚回到家，他就连声嚷嚷："哎哟，今天可把我给累坏了！我的老腰都快直不起来了！"他儿子关切地问道："爹，您今天都做了什么呀，怎么这么累呢？"农民一边捶着他的腰一边乐呵呵地说："田里的秧苗长得太慢了，我今天让它们都长高了一大截！哈哈。"儿子听得稀里糊涂的，觉得莫名其妙，于是赶紧跑到田里看个究竟。结果刚到田边就看到田里的秧苗全都耷拉下来，死光了！

秧苗为何不能拔高

故事中，农民把秧苗拔高了一截之后为什么秧苗都死了呢？

秧苗生长成水稻，全生育期从播种到成熟，一般在100~180天。水稻的生长是分阶段的，经历营养生长和生殖生长两个时期，其中，营养生长期主要包括秧苗期和分蘖期。秧苗期指种子萌发开始到拔秧这段时间；分蘖期是指秧苗移栽返青到拔节这段时

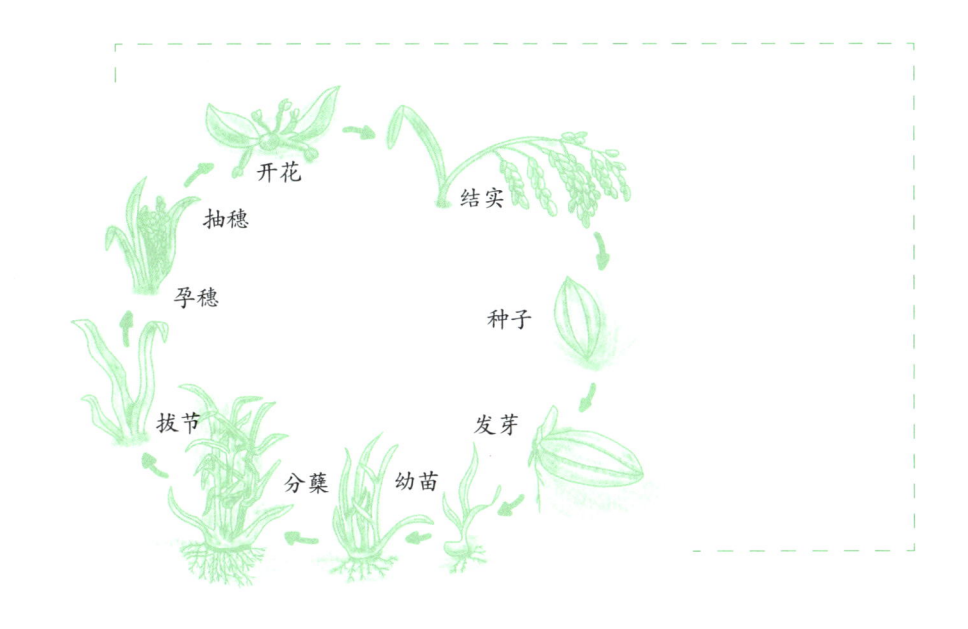

间。秧苗移栽后由于根系受到损伤，需要5~7天时间地上部分才能恢复生长，根系萌发出新根，这段时期称返青期。而水稻生殖生长期包括拔节孕穗期、抽穗开花期和灌浆结实期。拔节孕穗期是指幼穗分化开始到长出穗为止，一般需一个月左右；抽穗开花期是指稻穗从顶端茎鞘里抽出到开花齐穗这段时间，一般5~7天。

　　这个急性子的农民不了解秧苗的生长规律以及生长成熟需要的时间，自以为是地给秧苗拔高，实际是把秧苗的根给往上拔，根离开了水，无法吸收水分和营养，就像人缺少空气一样，自然过不了多久就死了。

出处：《孟子·公孙丑上》："宋人有闵其苗之不长而揠之者，芒芒然归，谓其人曰：'今日病矣！予助苗长矣！'其子趋而往视之，苗则槁矣。"

释义：比喻违反事物发展的客观规律，急于求成，反而坏事。

小锦囊：好的事物有时候是需要耐心等待才能得到的，不管做人做事，都得一步一个脚印走，不要过于着急。

枯木逢春

|神奇的枯树|

很久很久以前,有一个农夫在他家的后院种了一棵柏树。柏树四季常青,葱葱郁郁。夏天可以供人乘凉,下雨还可以让路过的人避雨,农夫对这棵树也是喜爱有加。

然而,几十年过去了,农夫已经变成了一个白发苍苍的老人,柏树也长大了很多,粗枝叶茂的。

一年,柏树所在地发生了百年难遇的干旱,土地干裂,一连好几个月未见一滴雨水,柏树的树叶全部变黄甚至凋零,树干和树枝都明显干枯,树干的某些地方甚至还出现了空心的现象,柏树眼看就要枯死了。

一天,农夫的儿子拿来斧头,打算将柏树砍倒,然后用木头做一张餐桌。就在他准备砍的时候，被年迈的农夫叫住了："儿子，你这是要干什么？"

儿子回答道："这树快不行了，你看都出现空心了，不趁早砍倒当木头用，以后恐怕连木头都用不了了。"说完，抢起斧头，就要砍向柏树的树干。

农夫赶紧拉住了他的手："不行，你现在不能砍倒它，到了明年春天，它还会长起来的。你不要着急。"

儿子不相信地说道："怎么可能？它都变成这样了！"

农夫却笑着说道："你到时候看，就知道了。"

果然，到了第二年春天，这棵枯树又恢复了生机，长出了绿叶，就像根本没干枯过一样。

儿子笑着对农夫说道："爹，还是您见多识广。"

农夫望着那棵抽出新枝的柏树，也笑了。

枯木恢复生长的奥秘

故事里，农夫家已经干枯的柏树居然又长出了新枝，实在让人惊喜。其实，在自然界中，这种现象已是屡见不鲜。

在美国，还存在一棵7800余岁高龄的杉树，被称为"世界爷"，它的树

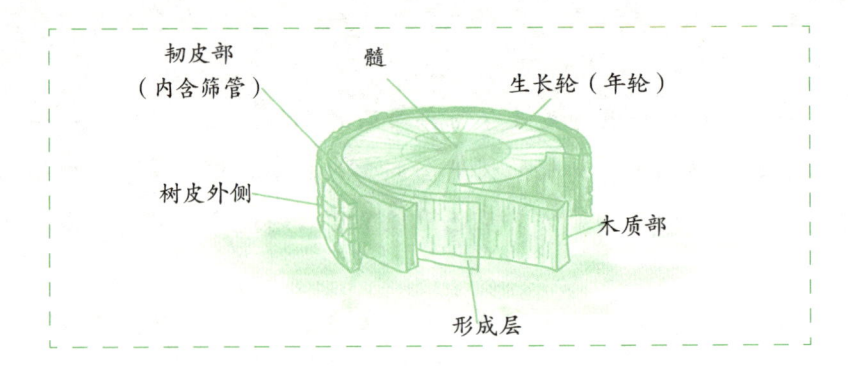

干中空，下面甚至能让小汽车通过。然而，它的叶子却还是郁郁葱葱的，根本没有要枯死的迹象。

那这些枯树能再次生长的奥秘到底在哪里呢？答案是树皮。

树皮是树干的外层保护组织，它跟木质之间存在一层软膜状的形成层，即树木的生长中枢，它往外生成树皮，往内则生成木质。因此，树皮一般都是里边细致外边粗糙，而树木的养料，是通过韧皮中部的筛管进行输送的，只要保证筛管是活的，枯树便可以"逢春"，恢复生机。

那筛管是怎样输送养料的呢？筛管由很多管状细胞上下连接而成，细胞横壁不会轻易消失。横壁上密布着很多如筛孔一样的小孔。细胞质通过小孔彼此相通，枝上的叶子在阳光照耀下，通过光合作用制造出来的有机养料，便经由筛管从上往下输送，如此一来，大树便不会被饿死了。所以，树怕伤皮，不怕空心，植物只要还具有输送养料与水分的功能，便依旧能扎根、开花、结果。

尤其是在春天，气候适宜，水分充足，树皮又能吸收充足的养料时，枯木就能更快地恢复生机。

出处：《敦煌变文集·庐山远公话》："是日远公由如临崖枯木，再得逢春。"

释义：干枯的树遇到了春天，又恢复了活力。比喻受到了挫折后又重新获得生机。

小锦囊：遇到任何困难，不要轻易放弃，也许只要再坚持一下，便会出现转机，有了希望。

葵藿倾阳

|忠心的将领|

南唐时期,有一位叫刘仁瞻的大官,是南唐后主李煜的父亲李景的部下。他为人正直,对君主极为忠诚,是个不折不扣的好官。

当刘仁瞻任清淮军节度使的时候,周世宗、柴荣聚集全国所有兵力攻打南唐,本以为胜利唾手可得,却没想到,刘仁瞻奋力抵抗,将周世宗的兵力困在了小小的寿州长达好几个月。周世宗继续壮大自己的队伍,新派了一大批军队前来支援,眼看寿州就要失守,南唐各位将领畏惧不已,有的逃跑,有的投降,只有刘仁瞻坚持死守阵地,誓死不投降,与周世宗抗衡了整整一年。第二年正月,周世宗派人劝刘仁瞻投降时,刘仁瞻刚好病重不方便见客,便派自己的儿子去接见。他的儿子早就有投降的想法,因此,立即答应了周世宗派来的使者,并和其他将领谋划着如何出城投降。刘仁瞻知道后,当场将自己的儿子斩首示众……周世宗虽然劝降未成功,却对刘仁瞻的精神大为赞叹:"刘仁瞻就像葵藿倾阳那样,一心向着自己的君主,对君主忠心耿耿到这地步,着实让人敬佩啊!"遗憾的是,寿州最后还是被周世宗攻破,刘仁瞻也在城破后身亡。

向日葵为什么一直向阳?

故事里,周世宗用"葵藿倾阳"来夸赞对君主忠心耿耿的刘仁瞻,而现实生活中,我们所看到的向日葵一直保持着向着太阳生长的特性,难道也是因为对太阳的忠心吗?当然不是。

其实,向日葵之所以会向阳,跟它茎部含有的一种物质——植

物生长素密切相关。植物生长素是一种可以刺激细胞生长的激素，它主要在茎尖形成，并往基部运输。不过，这种生长素不太喜欢光，所以，向光的一侧生长素浓度低，背光的一侧则浓度高。而生长素的浓度越高，植物生长的速度就越快。所以，植物背光的部分生长得比向光的部分快，从而使得向日葵产生了向光性弯曲。向日葵这种向阳的特性，被称为趋光性，很多豆类植物也具有这种特性。

不过，当向日葵快要成熟时，生长素逐渐消失，再加上果实的重量在不停增加，向日葵便不会再跟着太阳转头了。

出处：唐代杜甫《自京赴奉先县咏怀五百字》："葵藿倾太阳，物性固难夺。"

释义：葵花和豆类植物的叶子倾向太阳。比喻一心向往所仰慕的人或下级对上级的忠心。

小锦囊：仰慕的对象固然美好，过于沉迷反而会让自己受伤，所以，懂得把握好度，人生才会更快乐。

叶落归根

士兵的家乡情

宋代末年，有一位士兵因在一次战争中身受重伤，被留在了北方一个城镇里疗养。

没想到，一疗养便是大半年。大半年后，战争停止了，士兵因腿脚有点瘸便申请退役。很快退役申请被批准，他便在城镇里定居了下来。

后来，他娶了妻，生了子，随后，又和妻子在这座城镇里开了间衣铺，生意还算红火，换得一家衣食无忧。他没想到，自己在这个城镇里一待就是几十年，其间虽然也回过几次南方的家乡，不过，都只是短暂停留了几天。

中年时，士兵把家中的老母亲接到城镇一起生活，然而，母亲在弥留之际，却要士兵载她回家乡，说她死也要死在老家。士兵拗不过，只好连夜赶着马车载着母亲回到了南方的老家。结果，一下马车，老母亲嘴角带着笑说："这就是叶落归根了。"说完，便安详地闭上了眼睛，离开了人世。士兵当时还完全不能理解这种情怀。

可是，等到70岁时，士兵自己得了一场大病，看了很多大夫，都没有好转。一天，他意识到自己时日不多了，心里对家乡的思念变得越发浓厚起来。于是他将自己的儿子叫到床边来，吩咐道："孩子啊，等我走了，你就将我的骨灰送回南方老家，葬在老家村子后面的那片山林里吧……"在这一刻，他突然理解了母亲嘴里说的"叶落归根"的感觉。从哪里来，到哪里去，士兵开始怀念儿时在家乡吃过的年糕、红薯……慢慢地，他闭上了双眼。

不久后，士兵的儿子带着父亲的骨灰回了老家，并按他的遗嘱将他葬在了老家村子后面的山林里。

落叶的用处

故事里，士兵及士兵的母亲虽然作客他乡，但是最终还是要回到故乡。这是一种对故乡的依恋。然而，在自然界中，叶落归根是不是因为落叶对根的依恋才出现的呢？

众所周知，植物的生长离不开光合作用，光合作用离不开二氧化碳。所以二氧化碳是植物生长的必要物质。等植物的叶子枯萎落下来后，就会被一些腐生生物即分解者分解，从而释放出二氧化碳，供植物进行光合作用，所以叶落归根是物质循环的一种形式。

此外，叶落归根对植物的生长还有其他很多好处。落叶并不意味着植物的死亡，而是植物为了减少水分的蒸发，保证能安全地过冬。

叶落归根

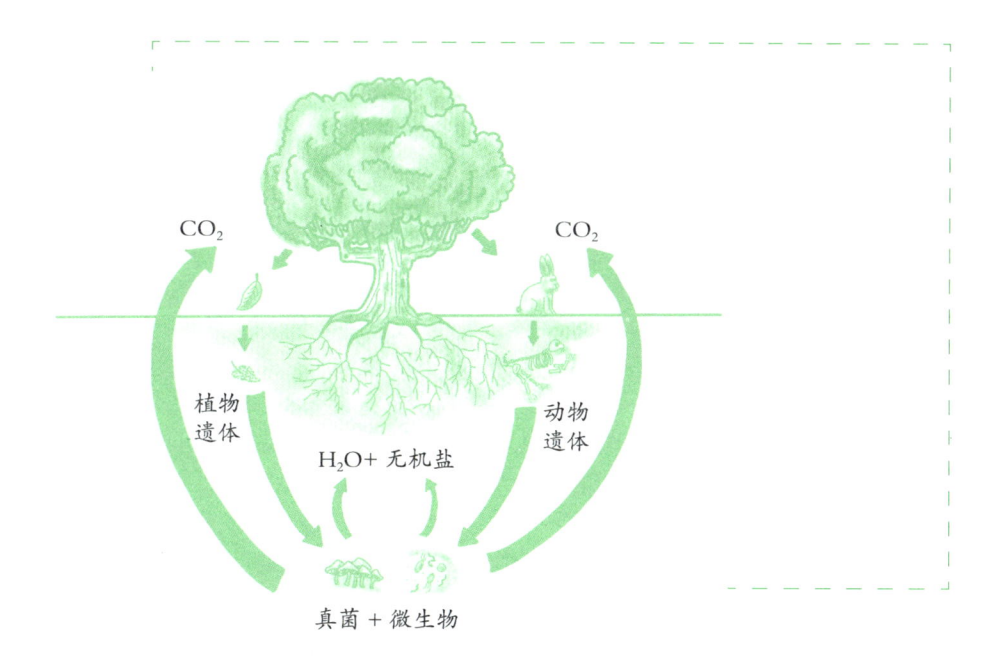

CO_2　　　　　CO_2

植物遗体　　动物遗体

H_2O + 无机盐

真菌 + 微生物

秋季后，天气变冷，土壤里的水分变少，温度大大降低，植物根部的吸收能力也变差，因此，植物落叶，这是它们适应不良环境的一种自我保护措施，也是植物新陈代谢的规律。

落叶落下来后，被雨水浸泡，通过细菌等微生物的加工，慢慢腐烂，形成腐殖质，然后化为优良的天然肥料，重新供给植物吸收利用，帮助苗木生长繁衍。

落叶还能增加土壤的有机质含量，防止土表裸露和风蚀，拦阻地表径流，增加土表水分，大大减少水土流失，而且还可以保持地温，保护树根、种子免受冻害。因此，落叶对根来说是很有用处的，所以不要将落叶扫掉或堆在一起烧掉。

出处：《老子》第十六章："万物并作，吾以观复。夫物芸芸，各复归其根。"

释义：树叶从树根生发出来，凋落后最终还是回到树根。比喻事物总有一定的归宿。多指作客他乡的人最终要回到本乡。

小锦囊：一个人登得再高，走得再远，也不要忘记自己最根本的东西。只有这样，才不会在人生的漫漫长路中迷失。

斩草除根

讨人厌的陈桓公

卫国和陈国联合起来去攻打郑国。郑国的郑庄公吃了败仗,便派出使者主动向陈桓公求和。

然而,陈桓公眼看就可以吞并郑国,所以不同意,当场便拒绝了郑国使者的求和。陈桓公的弟弟看到陈桓公打红了眼的样子,劝他:"跟善良的人处好关系,跟周边的国家友好往来,这才是立国的根本,你就接受他们的求和,跟他们和好吧。"

陈桓公的心地可没弟弟的好,他生气地说道:"宋、卫两国是大国,我们陈国不去攻打它们,是因为我们并不是它们的对手,没有办法。但是,郑国就不一样了,它可是个小国,攻打下来,郑国就会成为我们的领地,我们的国家就会更加强大,为什么不继续攻打它呢?"

于是，陈桓公不顾弟弟的劝说，继续带兵攻打郑国。而郑国得知无法讲和，只好背水一战，上下齐心，团结一致，在战场上奋勇杀敌，顽强地对抗陈国。陈国因此也没讨到什么好处，只好撤回军队，歇战。

两年后，郑国国力大大增强，于是，郑庄公派兵进攻陈国。陈国被打败，陈桓公立刻向邻国求助，却都被拒绝，没有一个国家前来救援。

针对这件事，郑国的百姓们都这样认为："这是陈国自作自受，这是长期以来作恶却不懂悔过的结果。古书上说，做恶事非常容易，恶事就像草原上忽然燃烧的大火，难以扑灭，最后总会烧到自己的头上。作为一个国君，就要当机立断，对恶人恶事，就得像农夫在地里除草一样，一定要连根挖掉，使它们不再有生长的机会。"

于是，在百姓们的支持下，郑庄公继续举兵进攻陈国，陈国最终灭亡。

斩草为什么要除根？

故事里，老百姓们用斩草要除根来劝说郑庄公继续攻打陈国，让陈桓公这个恶人彻底失去东山再起的机会。在自然界中，农民伯伯除草的时候，为什么也一定要连草带根一起拔掉呢？

这其实跟草的繁殖和生长有着密切的关系。

众所周知，杂草是庄稼的敌人，它在田地里，不停地跟庄稼争夺养分、水分、阳光。要是地里的杂草变得密集，便会大大侵占庄稼的生长空间，阻碍地里空气的流通，不利于庄稼的生长。而杂草的生命力比庄稼要顽强得多。杂草的根是无性繁殖的，杂草根部有个分生区，也叫生长点，具有很强的分裂能力，可以不断分裂产生细胞，促使根快速生长并慢慢长出茎叶来。它们的种子数量也是相当庞大的，靠风力、流水甚至鸟兽,便可以四处传播。庄稼根本无法和它们相比。所以,要想彻底除掉杂草,就得将它的根一起拔掉。

出处:《左传·隐公六年》:"为国家者,见恶如农夫之务去草焉,艾夷蕴崇之,绝其本根,勿使能殖,则善者信矣。"

释义:除草时要连根除掉,使草不能再长。比喻除去祸根,以免后患。

小锦囊:一些恶事和不好的习惯,应彻底根除,不留祸患。

人无千日好，花无百日红

|落魄的宋江|

《水浒传》中，宋江一开始担任山东郓城县押司，热爱文学，喜欢书写一些文书，算得上是一个刀笔小吏。

一次，宋江给梁山好汉通风报信，帮助了晁盖、刘唐等人逃脱了衙门的缉捕。梁山好汉对他很是感激，于是，特意送来一些金银财宝和一份劝他也加入梁山的文书。

不料，这件事被宋江的老婆阎婆惜知道了，阎婆惜还拿到了那份文书。阎婆惜与宋江感情不和，并跟张文远私下有了奸情，为了能投奔到张文远的怀抱，并过上衣食无忧的日子，阎婆惜以此来要挟宋江，并提出了三个条件：一、写一份休书，恢复她的自由身；二、家中一切财产都归她；三、梁山送来的那批金银财宝也得归她。前两条

人无千日好，花无百日红

宋江都答应了，但是，第三条根本没法实现，因为他并没有收那些金银财宝。阎婆惜不相信，并步步紧逼，激怒了宋江。宋江一时愤怒，错手杀死了阎婆惜。

因此，宋江成了罪犯，被朝廷追捕。无奈，宋江只得投靠有钱有势的柴进，柴进热情款待了他。

一天，宋江喝酒至深夜，起身去上厕所，因为心急，重重地撞到了武松。武松破口大骂，后来有人告诉武松，宋江是柴进当下最红的客官。武松得知后，很是感慨，想不到曾经顺风顺水的官员宋江居然也落到了寄人篱下的地步，于是叹息道："人无千日好，花无百日红啊。"

后来，他们一起去见柴进，并因此相识，最后成了要好的朋友。

花开花落是自然规律

故事里，武松用"人无千日好，花无百日红"来形容宋江的坎坷，说明人不可能总是一帆风顺，肯定有遇到坎坷和变化的时候，就像花迟早要凋谢，不可能一直保持鲜艳一样。

从生物学角度来讲，"花无百日红"道出了生物生、老、病、死的客观规律。

植物从生根、发芽、开花再到结果，最后凋零，这是必经的过程。在这个过程中，植物的各个组织都具有自己的使命，如，根是用来吸收水分、养分以及固定植物体的；叶子是用来进行光合作用与蒸腾作用从而为植物体制造有机物的；而花却是植物的繁殖器官，它的作用便是孕育种子，当它的使命完成后便会自然凋谢。实际上整个植物体都是这样，尤其是一年生植物，孕育了种子便会死亡，如大葱、萝卜等。这是细胞的程序性死亡，无法改变其最终的

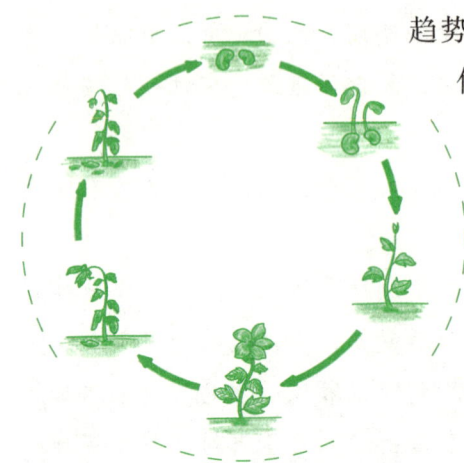

趋势。就像人，不管你保养得再好，你最终还是会变老，并走向死亡的，只是借助外界力量，可在一定程度上减缓这样的速度，但无法改变其整体趋势。

而也正因为有生命的凋零，才会有新生命的孕育，才使得每个种族得以延续并得到进化。

出处：元代杨文奎《儿女团圆》："人无千日好，花无百日红。早时不计算，过后一场空。"

释义：花不能长开不败。比喻好景不长。

小锦囊：青春易逝，人不可能一辈子不老，所以在年轻的时候，多做有意义的事，青春才不会留遗憾。

望梅止渴

聪明的曹操

东汉末期，曹操带领部队浩浩荡荡地前去攻打东吴。

途中，行军极为辛苦。正是盛夏时节，天气炎热，太阳炙烤着大地，晒得人火辣辣的疼。曹操的军队一连走了好多天，每个人都出现了疲态。而一路上都是荒山野岭，见不到一个人影不说，甚至方圆数十里均无水源。

将士们绞尽脑汁，所有的办法都试过了，也没有弄到一滴水。战士们暴晒在烈日下，早已大汗淋漓，头昏眼花，再加上没有水喝，更是口干舌燥，喉咙里都仿佛冒着火一样难受。许多人的嘴唇干裂出一道道口子，鲜血直淌。就连身体强壮的士兵，也逐渐支撑不住了，甚至有的战士中暑而亡。

曹操看到这样的情形，着急得不得了。为了让大家喝到水，他特意骑马奔到旁边一个山冈，站在山冈上向远处望去，然而，一望无际的龟裂的土地上，根本看不到有水的地方。曹操失望极了，可是回头看看已经疲惫不堪的战士们，他真担心。这可怎么办呢？

　　曹操心想：找不到水源，不仅会贻误战机，还会损失大量人马，再这样下去可不行啊，得想个办法来鼓舞鼓舞大家的士气，振奋振奋大家的精神才行。

　　曹操思考了一会，突然灵机一动，想到了个好方法。于是，他跑到山冈上，抽出令旗指着前方，高声喊道："前面不远处就有一大片梅林，树上结满了酸甜可口的梅子。大家继续坚持下去，只要到了那里就可以吃到梅子了，就能解渴了！"

　　战士们一听有大片的梅林，脑海中便呈现出梅子娇嫩欲滴的样子，甚至联想到了梅子又酸又甜的味道，仿佛真的吃到了梅子一样，顿时流出了不少口水，战士们很快变得有精神起来，鼓足劲儿快速往前赶去。

　　最后，曹操终于带领战士们走到了有水的地方，走出了那片干旱的地带。

有趣的条件反射

　　故事中，曹操利用梅子来刺激手下的方法，其实是巧妙地运用了人们对梅子酸味的条件反射，从而振奋起大家的精神，并最终克服了困难。

　　吃过几次梅子的人，当他只看到梅子那娇嫩欲滴的样子，便会流口水。这是基于他曾经吃过梅子流口水而完成的条件反射。试想一下，要是曹操的士兵都未曾吃过梅子，也从未有人告诉他们梅子是酸的，那曹操的方法估计也会失效。

　　引起条件反射的信号的类型有很多，包含视觉的、听觉的、触觉

望梅止渴

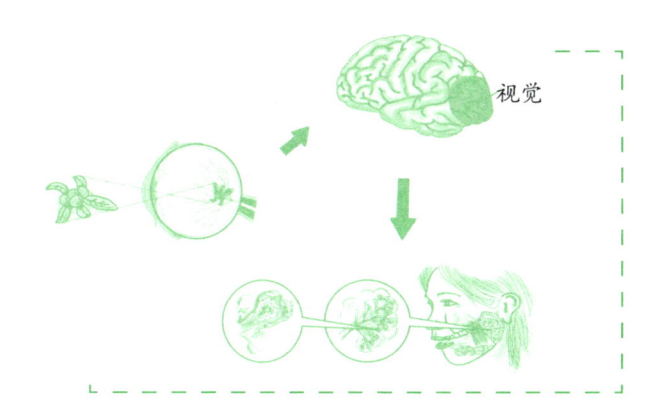

的、嗅觉的、味觉的和语言的。

其中，曹操说"树上结满了酸甜可口的梅子"，这其实就是一种语言信号，而战士们根据这种抽象的语言便联想到自己曾吃过的梅子，从而刺激大脑皮层，大脑皮层把信号往下传，从而刺激唾液腺分泌唾液，流下了口水。所以，从这个角度来说，这个故事称作"谈梅止渴"更为贴切。

出处：《世说新语·假谲》载："魏武行役失汲道，军皆渴，乃令曰：'前有大梅林，饶子，甘酸可以解渴。'士卒闻之，口皆出水，乘此得及前源。"

释义：比喻愿望无法实现，用空想安慰自己。

小锦囊：生活中遇到困难在所难免，不畏惧，用成功的渴望激励自己，努力向前，便可获得意想之外的成功。

橘化为枳

|"铁嘴"晏婴|

春秋时期，齐国有位著名的外交家、政治家，名叫晏婴。他虽然长得矮小，相貌也不好看，但是颇有才学，不仅足智多谋，而且擅长雄辩，是个名副其实的"铁嘴"。

有一次，他被齐王派遣出使楚国。楚王早听说晏婴个子矮小，于是想利用这点侮辱他。楚王故意让人在城门旁开了一个小洞，叫晏婴从小洞里钻过去。

晏婴看了看小洞，笑着说："以前我出使'人国'时均走的城门，现在我出使'狗国'，不会也要钻狗洞吧！"楚王听后，感觉丢脸极了，只得下令打开城门。晏婴笑着从城门走了进来。

为了再次羞辱晏婴，楚王又想出一个新招，他特意热情设宴，甚

橘化为枳

至亲自陪晏婴喝酒。就在大家喝得欢快的时候，楚国的两个武士押着一个被五花大绑的囚徒上来。

楚王假装不知情地问道："绑的是什么人？"武士回答说："是齐国人。"楚王紧接着又问："他犯了什么罪？"武士又回答道："是小偷，犯了盗窃罪。"

楚王心里一阵得意，转过头，对晏婴说："齐国人真可谓是做贼的能手啊！"说完，楚王就准备看晏婴的窘态。

没想到，晏婴听了，一点儿也不生气，脸上依旧波澜不惊。他慢条斯理地说道："大王您有没有听过，橘子生长在淮南可以结出既大又甜的橘柑，可是这种橘柑一旦移植于淮北，便只能结出又小又酸的枳子。您知道这是为什么吗？是水土环境不同的原因。你们押的这个人，在齐国从未偷过东西，怎么一到楚国便染上了这种恶习，难道是贵国的水土环境，让人容易做小偷？"

楚王听后，整个脸都僵了，脸色难看极了。楚王本是故意羞辱晏婴，如今却反被晏婴取笑，晏婴的雄辩着实让人佩服。

植物的生长与环境

故事里，晏婴巧妙地运用橘子生长在淮南结出大而甜的橘柑，而移植到淮北却只能结出小而酸的枳子这一特性，有力地反驳了楚王说齐国人是做贼的能手的说法。

然而，橘子为什么会随着生长地点的变化而发生变化呢？正如晏婴所说的那样，是因为水土环境不同，才出现了这种现象。

从生物学角度来说，植物的生长跟环境有着紧密的联系。由于受温差和降水量以及光照的影响，秦岭—淮河一线是中国南北地理划分

南方　橘柑

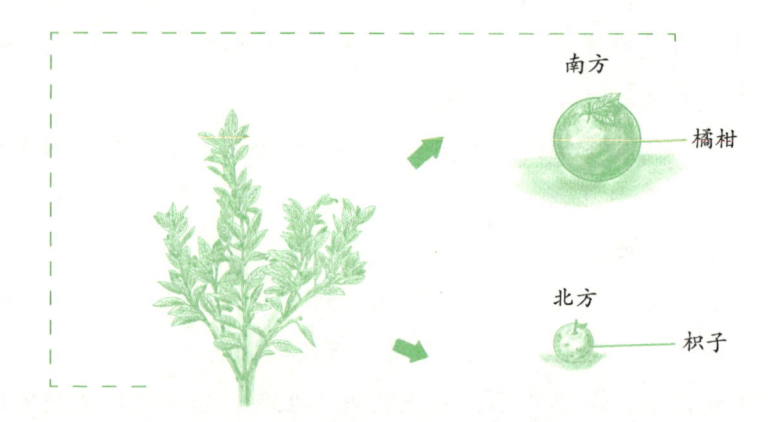

北方　枳子

线。橘富含水分，而南方多水，利于其生长，北方较为干旱，不利于橘子生长，所以结的果子又小又酸。然而，无论是橘柑还是枳子，它们都是橘子这一植物的不同生态型。同一种植物会在不同的环境中，为了适应环境而在形态上产生变化。

出处：《晏子春秋·杂下十》："婴闻之，橘生淮南则为橘，生于淮北则为枳，叶徒相似，其实味不同。所以然者何？水土异也。"

释义：原指一种植物生在淮河以南则为橘，生在淮河以北则为枳。后来人们常以此来借喻人受到环境的影响，品质变坏。

小锦囊：我们所处的环境随时在变，只要我们保持一颗始终如一的心，坚守自己做人的原则，就不会被环境所改变。

兔丝燕麦

学官有名无实

北魏宣武帝时期,朝廷将人力、财力都花费在了修建寺院上,对学术却极不重视。不重视学术自然使得学官们没有真正地进行教学,使得朝廷极度缺乏治理国家的人才。因此,这引起了很多学官的不满。

其中对此最不满的便是高级学官"国子祭酒"邢邵了。他觉得大肆兴建寺院却忽略学术完全是误国误民的行为。为此,他找来了其他学官一起商议如何改变皇帝的错误做法。

经过好几天的商讨,最后达成统一意见:联名上书。

因此,邢邵便拟定一个奏折,并给每个学官仔细观看,多次修改,奏折的内容终于定了下来。邢邵将拟订好的一份奏折给其他的学官过目，并让他们在奏折上签名，然后递交给了复兴太学。

奏折的最后内容是这样的：现今国家虽然安排了学官的职位，然而却没有真正地让学官去教授知识，这跟兔丝不是丝、燕麦不是麦是一样的，都是有名无实，实在可悲。

这封奏折很快被复兴太学交给了皇帝，皇帝觉得所说极有道理，便加强了对学术的重视，让学官们名副其实地传授起知识来。

菟丝子和燕麦到底是什么植物呢？

故事中，邢邵在上书的奏折中说道，兔丝不是丝，燕麦不是麦，兔丝和燕麦到底是什么呢？

我们首先来看兔丝。兔丝就是菟丝子，虽然它的名字带有"丝"字，但是它并不是一种真正的丝。它是一种生理构造较为独特的寄生植物，它的细胞里无叶绿体，无法进行光合作用，依靠爬藤状构造攀附于其他植物上；而且从接触宿主的地方伸出尖刺，进入宿主直到韧皮部，吸收养分，长得茂盛后，挡住其宿主进行光合作用。有时候，它还会将从宿主上吸收的养分储存为淀粉放在组织里。菟丝子的寄主范围非常广，大部分草本双子叶（如豆科、藜科）和一些单子叶植物均可变为菟丝子的寄生对象。所以菟丝子就被看作一种杂草。此外，菟丝子还极具药用价值。它可以治各种疮毒及肿毒，还可以治黄疸，是一种中医良药。

菟丝子缠绕大豆　　燕麦

而燕麦呢？燕麦是一种禾本科植物，虽然有个麦字，但是它并不是麦子。燕麦为小杂粮，有两种，一种为裸燕麦，一种为皮燕麦。裸燕麦成熟后没有壳，俗称油麦，也就是莜麦，国产的燕麦大多属于这种。皮燕麦成熟后带壳，例如进口的澳洲燕麦。

在我国，燕麦（莜麦）为主要的高寒作物之一，属于上等杂粮，与小麦、稻米、玉米相比，营养价值更高。其生长期与小麦基本一样，不过适应能力特别强，耐寒、耐旱、喜日照。它具有降低胆固醇、平稳血糖的功效。

所以，兔丝不是丝，燕麦也不是麦，可千万别搞错了哦。

出处：《魏书·李崇传》："今国子虽有学官之名，而无教授之实，何异兔丝燕麦，南箕北斗哉！"

释义：菟丝不是丝，燕麦不是麦。比喻有名无实。兔丝，即菟丝子。

小锦囊：做人要脚踏实地，切勿贪图一些虚名，而忘记自己内心真正的渴望。

姜桂之性，到老愈辣

|不服气的徒弟|

很久很久以前，有泥瓦匠师徒二人，他们拥有高超的建筑技术，远近闻名。方圆数百里的大型建筑，均要请他俩修建。

年轻的徒弟跟师傅学习建筑手艺已有数年，跟着师傅一起修建了很多种建筑物，学到了师傅很多高超的技术。

不过，师傅并不放心把所有的工作都交给徒弟做，尤其是对一些大型建筑，师傅从不允许他独自承建。师傅总觉得徒弟的技艺还未完全学到家，要是万一发生差错，会损坏他多年创出的名声。徒弟为此心中充满怨气，背地里常常说师傅"老不放心我"。师傅也察觉到了徒弟的怨气和不服气，但是，他还是不敢轻易放手，总觉得年轻人嘴上无毛，办事不牢，只要自己在世一天，便要管上一天才好。

姜桂之性，到老愈辣

恰好在这年，地方上要修建两座宝塔，师傅心想："这也许正是教育徒弟的好机会，我和他各建一座。"

想到这里，师傅立马叫来了徒弟说道："徒弟呀，你们年轻人，经历得少，见得市面也少，却很心高气傲。我知道你对我的不放心很不服气，也有怨气，可是，你明白吗？你至今只是个乳臭未干的小子呢。不过，既然你有怨言，那现在我们便分开修建这两座塔，到时候，你就会知道，姜还是老的辣！"

徒弟欢快地答应了。然而半年后，地方上来验收这两座塔的时候，徒弟修建的那座却因为不合格得重新修。徒弟懊恼地低下了头，并对师傅道歉道："对不起，师傅，是我错了，我还是太嫩了。"

师傅笑着点了点头，此后，师徒两人配合得更默契了。

老姜为什么更辣呢？

故事中，师傅用"姜还是老的辣"来说明有经验的老人技术更胜一筹，更厉害。在自然界中，老姜的确更辣。这又是为什么呢？

姜是一种多年生草本植物，它的根茎有辣味，这是姜的一种特性。姜可作为调味品，可入药。一般来说，老姜是指去年种的姜，新姜是指从老姜上新长出来的姜。还有一种嫩姜是还没有长成熟的姜。

姜的辣味成分为姜辣素。其主要成分为姜酚，其次还有姜烯酚、姜酮等。老姜之所以更辣，就是因为老姜体内含有的辣味成分更多，这跟它在成长过程中，不断地吸收营养物质转化成这些辣味成分是分不开的。

这三种辣味物质都有增强和加速血液循环，刺激胃液分泌，促进肠道蠕动和帮助消化等作用。它们除了具有辣味的性质外，也还具有

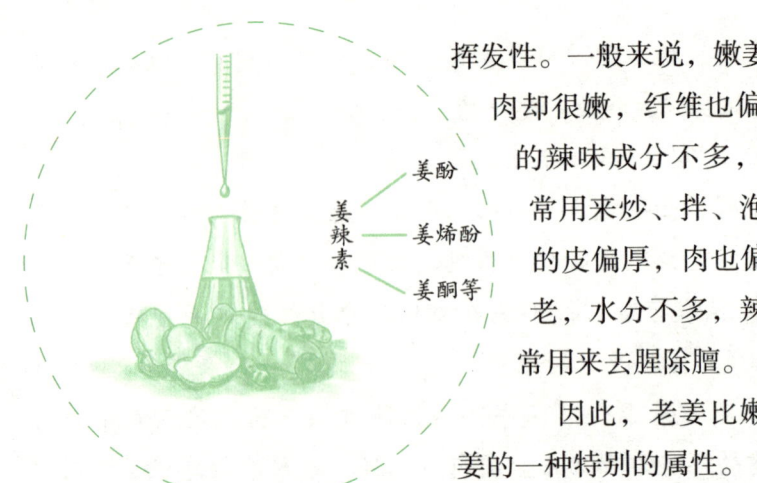

挥发性。一般来说，嫩姜的皮偏薄而肉却很嫩，纤维也偏脆弱，含有的辣味成分不多，辣味偏淡，常用来炒、拌、泡等。而老姜的皮偏厚，肉也偏粗，质地偏老，水分不多，辣味更强，经常用来去腥除膻。

因此，老姜比嫩姜辣，这是姜的一种特别的属性。

姜辣素 —— 姜酚 / 姜烯酚 / 姜酮等

出处：《宋史·晏敦复传》："况吾姜桂之性，到老愈辣。"

释义：生姜和肉桂愈久愈辣。比喻年纪越大性格越耿直。也常常形容老年人有经验，办事老练，不好对付。

小锦囊：我们在工作、生活中，遇到难以解决的问题，可以请教一些有经验的人，或许会得到意外的收获，切不可一味地在某个问题上钻牛角尖或逞能。

昙花一现

|勇敢的昙花|

从前,在一个百花园里,在花神爷爷的庇佑下,生长着各种漂亮的花儿,昙花也在其中。不过,昙花没有华美的装饰,在众花中,毫不起眼。她沉默地躲在一个角落里,无人问津。

有一天,有一位男子走进花园,他身材修长,笑容温柔,却将眼神投注在了她身上,昙花很快就羞红了脸。他甚至还靠近她,抚摸着她娇嫩的花瓣,细细地欣赏着。

终于有人愿意欣赏她了,昙花又高兴又感动。此后,她每天都期待着他的到来。

可是,这位男子每次来到花园,都若有似无地叹息着,眉头皱得紧紧的,像是有什么难言的心事,昙花看在眼里,心疼极了。

一天，她终于鼓起勇气，向花神爷爷问道："花神爷爷，他怎么总是一副忧伤的样子？他遇到了什么不幸吗？"

花神爷爷摇了摇头，不想告诉她。她便不断地哀求，最后花神爷爷耐不住她的软磨硬泡，只得告诉了她实情。

原来，这位男子是王国里最好的画师，可恶的王后命令他画出她从未见过的世界上最美的花，要是他办不到，就会被处死。而明天就是交画的最后期限。

昙花着急坏了："花神爷爷，那上哪去找最美的花儿啊？"

"恐怕很难，王后什么花没见过！"

"花神爷爷，那……请您使用您的花精灵，赋予我美丽吧！"昙花急急地说道。

"这……花精灵给花的美丽只是一瞬间的，开过一瞬间，你便会死去，此后每年开花都只有一瞬间，即使这样你也愿意吗？"

"我愿意！"昙花坚定地点点头。花神爷爷双手一挥，昙花便穿上了最美的衣衫。白云做成的裙摆，露珠做成的耳坠，美得惊艳。

晚上，他又来看她了，这一次他眼里满是惊喜。他被她的美丽深深吸引，并迅速作起画来。可是，就在他画下最后一笔时，昙花却黯然凋零了。

第二天，画师没有被处死，而昙花却陷入了黑暗，要见到光明，只能等第二年绽放的那一瞬间了。

开花时间最短的花——昙花

故事中，昙花用自己最极致而又短暂的美丽，换回了画师的命，此后每年她的绽放都只有短暂的几个小时。然而，现实生活中，昙花真的也只有这么短的花期吗？答案是肯定的。

昙花一现

其实，昙花是一种灌木状肉质植物，花朵极为漂亮，不过开花时间却仅有3~4小时，花期极短，是世界上开花时间最短的花。

昙花通常在夏季开花，开花的时间大概是晚上8点至12点，盛开为白色的花，花凋零后闭合起来，呈灯笼状。然而神奇的是，昙花同一棵母株的分株，不论种在何处，均会在夜间同时绽放。花开时全株会有轻微的振动，仿佛是在使劲地撑开柔美的花瓣，竭尽全力地释放出淡淡的清香，美到极致。

可是，昙花为什么仅能"一现"呢？

这是因为昙花原产于中南美洲的热带沙漠地区，那里的气候非常干燥。白天气温很高，娇嫩的昙花选择在晚上开放才可以防止被白天强烈的阳光所灼烧，而昙花又是一种虫媒花，沙漠地区晚上八九点钟昆虫活动尤为频繁，因此，这时候开花极有利于授粉。午夜以后，沙漠地区气温又太低，昆虫的活动减少，不利于昙花的授粉。昙花开花时间短能减少水分的丧失。因此，昙花在漫长的进化过程中逐渐形成了这种特殊的开花习性。

昙花，美丽而不失优雅，现今全球都有栽培。昙花的气味具有杀菌抑菌的作用，在家中摆放几盆昙花，有益健康，可以美化环境。昙花还可以做汤喝，口感润滑。

出处：《妙法莲华经·方便品第二》："佛告舍利佛，如是妙法，诸佛如来，时乃说之，如优昙钵花，时一现耳。"

释义：指美好的事物出现的时间很短。

小锦囊：美好易逝，当我们拥有美好时，应该用心去珍惜。

薏苡明珠

|马援将军被诬陷|

东汉时期,有一位伏波将军,名叫马援。

有一年,马援率领军队远征西南,军队驻扎在了交趾(今越南北部)一带。此地盛产薏苡,薏苡的果实也分外大,所以马援的军队经常以薏苡的果实为食。听说经常吃这种果实不仅可以增强体质,还可以去瘴气。马援觉得这是好东西,于是在打完仗回京城时,特意采摘了很多薏苡,装了满满一车,打算带回去后自己种植。

然而,京城里的人从未见过这种果实,再加上这种果实长得像明珠,于是都以为马援带回了一车的奇珍异宝。很多权贵见马援没有送自己一些,心里非常不痛快。不过,那时候,马援深受光武帝刘秀信用,那些人只好暗地里咒骂马援,明里却不敢冒犯马援。

后来，马援在一次征战中得病而死，他的仇人——光武帝的女婿梁松便开始趁机诬陷他，诽谤他贻误军机，还说他在交趾贪污受贿了一大批珍宝。其他对马援心怀妒忌的人也按捺不住，火上加油，纷纷上书，告马援贪污受贿，甚至还详细描述了马援之前从交趾运了一车的珍宝到京城的情况。光武帝信以为真，愤怒难耐，把封马援为新息侯的大印都收了回去。

马援的家属对突然发生的变故很是恐惧，他们连将马援的灵柩运回家乡都不敢，仅仅在当地买了几亩地将马援草草安葬了事。马援在世时候的宾客与朋友无一人敢来吊唁。

然而，马援的妻子与侄子马严对此很疑惑，他们不知道马援到底犯了什么罪。于是，经过商量，他们决定用草绳将自己捆绑住，然后上朝请罪。光武帝将官员们的诉状拿给他们看，两人看完后才终于明白了事情的来龙去脉。随后，他们不断地上书诉冤，告知那车珍宝其实只是一种植物薏苡的果实，一连上书六次，再加上有其他官员为马援说话，光武帝最终才得知真相，并允许他们为马援举行葬礼。

奇特的草本植物——薏苡

故事中，马援从交趾带回的一车薏苡的果实竟然被官员们当成珍珠，官员们从而诬陷了马援，这一冤案的产生主要原因是马援的仇人梁松的诽谤以及一些官员对他的嫉妒，而其中还有一个次要的原因，薏苡的果实确实跟明珠太过相似，才会让人产生误解。

其实，薏苡是一种多年生草本植物，也便是人们俗称的药玉米、水玉米，有的地方俗称打腕子（因为其种子成熟后，可将种仁去掉，将种壳串起来，套在手腕上，当作手链用）。薏苡分布于亚洲东南部与太平洋岛屿，非洲、美洲的湿热地带均有种植或逸生。

薏苡明珠

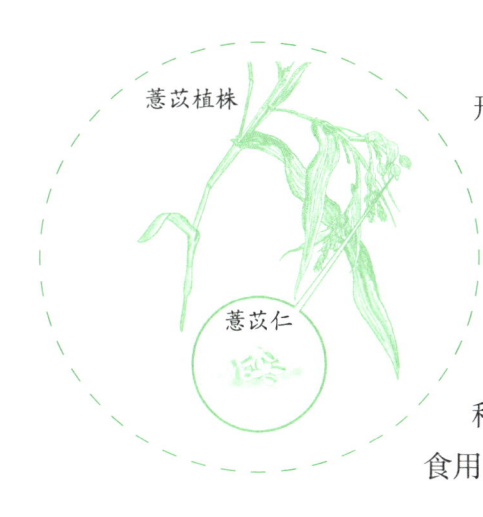

薏苡植株

薏苡仁

它茎直立，叶披针形，籽实呈卵形，白色或灰白色。薏米的营养价值很高，被誉为"世界禾本科植物之王"，在欧洲，它被称为"生命健康之友"。秋季果实成熟时采割植株，晒干，打下果实，再晒干，除去外壳、黄褐色种皮和杂质，收集种仁，便是薏米。薏米含淀粉，可以食用，可入药，可酿酒。

出处：《后汉书·马援传》："南方薏苡实大。援欲以为种，军还，载之一车。……及卒后，有上书谮之者，以为前所载还，皆明珠文犀。"

释义：薏米被进谗的人说成是明珠。比喻被人诬蔑，蒙受冤屈。

小锦囊：人生旅途中，总有被误会的时候，这时，不要悲伤，不要气馁，应该冷静下来用智慧去解决问题。

芒刺在背

|不自由的汉宣帝|

西汉时期,汉武帝去世时留下遗诏,由大司马大将军霍光、御史大夫桑弘羊等辅佐年仅8岁的汉昭帝刘弗陵治理国家,二人掌握了朝廷军政大权。

然而,汉昭帝在21岁的时候,便因病离开人世了。汉昭帝英年早逝,所以还没有诞下子嗣,于是霍光便将汉武帝的孙子刘贺立为了皇帝。

不过,没过多久,霍光就发现刘贺生性放浪,沉迷女色,成天寻欢作乐,毫无治国之才,因此,便叫来了大臣们一起商量。经商量,大臣们决定将刘贺的皇位废掉,重新立武帝的曾孙刘询为皇帝。刘询就是汉宣帝。

芒刺在背

　　刘询虽然当上了皇帝，可是他很清楚地知道，国家的权势基本上掌握在霍光手上，自己只是个傀儡而已，要是将霍光惹得不开心了，随时有被废掉的危险，所以，他对霍光很是惧怕，根本不敢冒犯。

　　刘询即位后做的一件大事，便是去拜见祖庙。那一天，刘询坐在一辆装饰华丽的马车里，而霍光便坐刘询的一侧陪侍，皇帝见霍光身材高大威猛，脸色严峻庄重，更是从心底里生出一种畏惧来，坐立不安，仿佛有芒刺扎在背上那般难受，却又一动也不敢动。

　　直到霍光因病逝世，乘坐马车时没有他的陪侍，汉宣帝这才觉得全身轻松，整个人自由了。

植物茎叶上的细刺有什么用？

　　故事中，汉宣帝感觉威严的霍光坐在一旁时，就犹如芒刺扎在背上般难受，所以弄得他坐立不安。人的背上扎根刺当然不行，可是在植物界中很多植物的茎叶上、果壳上的都长有小刺，这些小刺有的长，有的短，有的又尖又

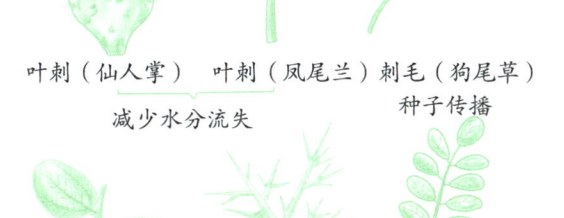

叶刺（仙人掌）　叶刺（凤尾兰）　刺毛（狗尾草）
　　　减少水分流失　　　　　　种子传播

芽刺（枣）　枝刺（皂荚）　托叶刺（杨槐）
　　　　　免受伤害

利，有的圆钝，有的甚至还带有毒液。这些细刺长在植物的身上，是为了好看，还是用来约束自己的行动，或者有其他别的用途呢？

其实，不同植物的细刺具有不一样的作用，有的是为了保护自己免受伤害，比如玫瑰花上的刺、皂荚的枝刺、蝎子草的毒刺；有的是为了减少蒸腾作用，保住水分，比如仙人掌；还有的却是便于种子传播至远方，比如狗尾草的刺毛。

就拿皂荚来说吧，它无脚无翅膀，要对付敌害，便只能靠身上的枝刺了。皂荚的刺密布于树干上，乍一眼看过去非常粗壮、尖利，要是让它扎一下，那可不是一般的疼。皂荚的刺非常有趣，它可以产生分枝，每个分枝会继续长为一枚枚的利刺。有了刺的保护，敌人就不敢靠近它了，它也就可以免受其他生物的伤害。

显然，汉宣帝感觉背上有刺，那是因为他害怕，感到极不自由，而植物身上的刺却多是利于植物生长的。

出处：《汉书·霍光传》："宣帝始立，谒见高庙，大将军光从骖乘，上内严惮之，若有芒刺在背。"

释义：如同有芒刺扎在背上。形容内心惶恐，坐立不安。

小锦囊：遇到问题切勿太焦躁，要冷静下来思考，然后当机立断地采取相应的方法来解决问题。过于惶恐，不仅于事无补，反而会使事情变得更严重。

出淤泥而不染

|正直的人|

明朝时期,有一位博览群书、才学超群的宋秀才。他结交了一群同样饱读经书的有志之士,他们常常聚在一起谈论诗词歌赋、国家大事,并约好次年一起前往京城赶考。

然而,宋秀才和他的朋友们均考试失利,名落孙山。得到这样的结果,宋秀才并没有表现得太过遗憾,他依旧喜欢吟诗作赋,并继续读书。可是,他的朋友们却一蹶不振,甚至气愤地将珍藏的好书付之一炬。

此后,他们再也不来宋秀才家谈论诗词歌赋和国家大事了,他们有的做起了生意,有的学起了木工,还有的成天吃喝玩乐、花天酒地。

不久后,做生意的张秀才发了财,他请宋秀才等一些老朋友一起去青楼喝酒。宋秀才知道后坚决地拒绝了。而其他的朋友却和张秀才打成了一片，并跟随张秀才一起做起了生意。张秀才的生意越做越大，积累了丰厚的资金，为了更好地打点关系和照顾自己的兄弟，他甚至还出资开办了一家青楼，专门供他们花天酒地，日子过得风流快活。而宋秀才却结交了一些新的朋友，一起研究诗词歌赋，并以为人写书信等养家糊口，日子过得很清贫。

张秀才之前跟宋秀才关系最为亲近，见宋秀才的现状极为窘迫，便又劝宋秀才别再研究那些破书，和自己一起干。

看着曾经滴酒不沾的文人雅士张秀才如今酒气熏天，开口闭口便是粗话，宋秀才摇了摇头，就连张秀才送给他的一些银两也悉数退还，不肯接受。

为此，张秀才很是生气，和宋秀才断绝了来往。

邻居们得知此事，都称宋秀才"出淤泥而不染"，是个正直的人，值得信任。因此，一些要申冤的人都找他帮忙写状纸。宋秀才帮助了很多弱势的人洗刷了冤屈，成为方圆十里有名的文人。

荷花出淤泥而不染的奥妙

故事里，宋秀才"出淤泥而不染"，即使身边的朋友们再怎么花天酒地，他依旧保持自己高洁的品质，没有和他们同流合污，做了一些有意义的事情，就如莲花一样，处在淤泥里，却依然能一尘不染。

莲花之所以具有"出淤泥而不染"的特性，跟它独特的结构有着密切的关系。莲花又叫荷花，是一种比较常见的草本植物，主要生长在水中。莲叶的表面生长着密密麻麻的柔毛，叶柄上还长有小刺，不过，它们自污泥中挺出水面后，却一尘不染。这是为什么呢？

原来，在莲花与莲叶的表面密布了一层蜡质白粉，而且还有很

乳头状表皮

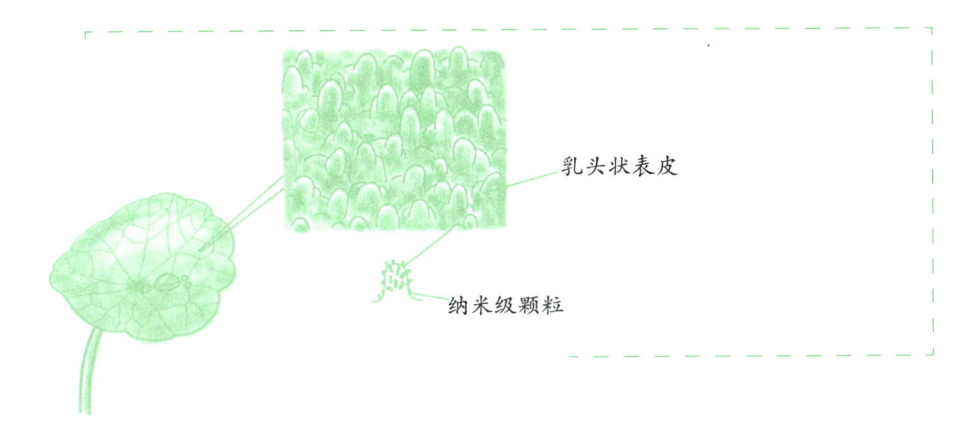

纳米级颗粒

多乳头状的突起，这些突起内充满了空气。也就是这些结构挡住了污泥浊水的渗入。当花芽与叶芽从污泥中抽出来时，即使有污泥附于芽上，因为芽表面存在一层蜡质薄膜，污泥也会被风吹走。等莲花和莲叶挺出水面后，便显得光洁可爱了。

而对于宋秀才来说，他能做到"出淤泥而不染"，则是跟他内在坚定的气节分不开的。

出处：《敦煌变文集·维摩诘经讲经文》："随缘化物，爱处俗尘，如莲不染于淤泥，似桂无侵于霜雪。"

释义：比喻从污俗的环境中走出来，却能保持纯真的品质而不沾染坏习气。

小锦囊：我们无法保证所处的环境怎样，但是，我们能控制自己的内心。只要我们坚定自己正确的立场，不为环境所动，即使近墨也未必会黑。